一抖千金

抖音个人品牌
创业实战宝典

张　驰◎著

民主与建设出版社
·北京·

ⓒ 民主与建设出版社,2022

图书在版编目(CIP)数据

一抖千金/张驰著. --北京:民主与建设出版社,
2022.10(2024.2重印)

ISBN 978-7-5139-3949-2

Ⅰ.①一… Ⅱ.①张… Ⅲ.①网络营销
①F713.365.2

中国版本图书馆 CIP 数据核字(2022)第 160006 号

一抖千金

YIDOU QIANJIN

著　　者	张驰	
责任编辑	王颂	
封面设计	天下书装	
出版发行	民主与建设出版社有限责任公司	
电　　话	(010)59417747 59419778	
社　　址	北京市海淀区西三环中路 10 号望海楼 E 座 7 层	
邮　　编	100142	
印　　刷	三河市富华印刷包装有限公司	
版　　次	2022 年 10 月第 1 版	
印　　次	2024 年 2 月第 4 次印刷	
开　　本	710 毫米×1000 毫米　1/16	
印　　张	13	
字　　数	100 千字	
书　　号	ISBN 978-7-5139-3949-2	
定　　价	68.00 元	

注:如有印、装质量问题,请与出版社联系。

目 录

序 ｜ **Perface**

愿张驰老师，永远都是少年

中童传媒总策划、创始人，罗文杲

虽然很多人都叫他"张驰老师"，但我仍旧喜欢叫他"张驰"。"张驰"让我回忆起那个意气风发的年轻人，那个头发蓬蓬、眼里有光、活力四射的年轻人。

张驰来找我写序时，我一开始没有答应。不是因为我曾经是他的领导，而是我现在从事的工作虽然也是市场方面的，也关注抖音，但没有做更深的研究，怕有负所托。后来，硬着头皮接下这个重托，我是希望自己作为一个关注了张驰从刚毕业的大学生到现在的"张驰老师"的蜕变历程的人，能够从另一个角度让读者对张驰、对张驰的书有不同维度的了解。

15年前第一次看到张驰的时候，他刚从大学毕业，来《销售与市场》杂志社入职，青涩中闪烁着渴望，稚嫩中饱含着激情。他写过稿子，做过培训，当过销售，开拓过市场。从杂志社离开回老家创业后，他做过咨询，做过电商。他做了很多事，但我从来没想过张驰会写书。

张驰爱折腾，爱思考，敢想敢干，是个敏于行的人。我是做过文字的人，我很清楚码字的痛苦和折磨。他这样一个喜欢跑市场、泡市场、火力十足、坐不住的人，竟然写了书，并且不止一本。可以想想，他观察了多少，思考了多少，沉淀了多少。台上一分钟，台下十年功。写书同样如此，是一个人思考的凝练，思想的结晶。

市场的发展经常是非连续性的，从文字时代到短视频时代、直播时代，以抖音为代表的新平台在跃迁式创新的同时，给了众多品牌、商家、个人弯道超车的机遇。抖商 GMV 几何级增长的背后，是对原有商业逻辑的重构。从平台电商到兴趣电商，是对受众人群的重新思考，是商业模式的另起炉灶。《一抖千金》这本书正是以发展、迭代的视角，让我们对抖音运营有更多的认知。

不管市场如何变化，以年轻心态应对变化是成功的根基。这也是张驰的优点所在，也是《一抖千金》这本书能够问世的根本所在。我喜欢《一抖千金》这本书，我更敬佩张驰持续学习、持续进取的精神。

愿张驰老师永远都是十五年前那个对未来有美好憧憬的少年！
愿我们每个人都是少年！

自序 | **Intruduction**

为所有抖音创业者，写一本书

今天的抖音应该怎么做？

这是困扰着不少抖音创业者的大问题。今天的抖音，已经不是一个到处都是红利的流量平台，而是越来越趋近于一个以"内容"为工具的精准获客平台。在这种情况下，如果我们不能用"营销思维"和"变现思维"来看待抖音的话，我们的抖音创业注定会变得非常艰难。

这可能是绝大多数抖音创业者面临的最实际的问题。因为对绝大多数抖音创业者来说，理解平台的逻辑相对比较容易，但理解营销的逻辑可能就比较困难，毕竟并不是所有人都有这么丰富的营销知识储备，可以让自己游刃有余地面对抖音平台的各种变化。

为了帮助大家解决这个问题，我结合营销学的基本知识，抖音平台的基本特征以及最近这段时间孵化个人品牌的经验总结，写下了这本《一抖千金》，来帮助大家做好抖音创业的准备。

在《一抖千金》这本书里，你会看到一个完整的抖音个人品牌打造实战运营体系，我把这套体系总共分为十章内容给大家进行讲述，相信你看完这本书，会在下边几个核心问题上找到答案。

第一，抖音到底是什么？

你会惊奇地发现，原来真实的抖音和你理解的抖音，一点也不一样。你会了解清楚抖音平台的各种特征，并且明白这些特征直接决定了抖音上哪些事情可以做，哪些事情不能做。

第二，你能在抖音上干什么？

我把抖音所有的重要赛道都给你做了详细的分析，帮助你去选择一个正确的方向。除此之外，我还列举了很多个人品牌的商业模式，供你进行选择，看看到底哪一个更适合你。

第三，这些事情应该怎么做？

在这本书里，我把抖音个人品牌打造的几个核心关键点，例如个人品牌的定位、个人品牌的呈现、个人品牌商业模式设计、短视频的基本逻辑、直播的基本逻辑都进行了详细的讲解，相信你学习完这些内容之后，会对抖音平台创业有更清醒的认识。

本书适合三类人群阅读，首先是抖音新手。看着别人做抖音都赚了钱，为什么你做不到？你做不到是因为你对抖音平台不熟悉，不知道自己在做抖音之前需要做哪些准备。

其次是需要转型的个体创业者。抖音所能带来的营销效率，是其他平台难以相比的。抖音可以给门店带来更多的客流，让门店的营业范围变得更大。尽早布局短视频平台，你一定会有意想不到的收获。

最后是广大的传统企业主。因为抖音是真正可以实现F2C的平台，尽早布局自己的零售体系，会让你再也不用受制于代理商，能够用更好的产品来服务终端消费者。

希望这本书，能够让大家全面地认识抖音，开启一条全新的创业道路！

张驰

2022 年 7 月于烟台

致谢 | **Thanks**

在本书的写作过程中，我得到了很多关心、支持和帮助。在此，向你们表示衷心的感谢！

感谢母校山东财经大学对我的培养与教育，"克明峻德，格物致知"的校训，时刻提醒着我要保持对商业项目"底层逻辑"的探索。

感谢山东财经大学管理科学与工程学院对本书提供学术指导，徐世星老师、王洪海教授在本书写作方向上给了我很多指导意见和建议，让本书能够呈现更好的学术水平。

感谢《销售与市场》杂志社，在《销售与市场》工作的 11 年，我得到了罗文杲先生、刘春雄老师的悉心培养，极大地提高了我的专业能力，让我有机会写下这本《一抖千金》。

感谢汪云华、张瑛、单萍、张锦书、宋子墨、王贵翔、赵璐、辛荣欣、王高峰、叶檬丹、罗召、杨怡平、王丹、岳昊等《一抖千金》读书会的同学，你们的加入让《一抖千金》逻辑更加清晰，内容更加翔实，更加贴近抖音创业者的实用需求。未来，我们将一同运营《一抖千金》读书会，让更多的抖音创业者走出迷茫，找到方向。

最后特别感谢我的家人，在这本书的写作过程中，他们给我提供了非常多的支持、理解与包容。

第一章

做抖音，你必须知道的几件事

第一节　测试一下你的抖音运营水平

欢迎来到《一抖千金》！

首先，我们有一个简单的抖音创业的底层逻辑测试，五个问题，负责任地告诉大家，想要做抖音，下边这几个问题如果不清楚，抖音是一定做不好的。

1. 什么样的抖音账号能够赚到钱？

2. 什么样的人能在抖音上做自己的个人品牌？

3. 如何定位自己的个人品牌？

4. 如何给自己的抖音账号做装修？

5. 如何拍摄一条自己的短视频？

这几个问题，会始终贯穿本书的内容，你也需要带着这些问题去阅读这本书，并且不断思考，直到你能找到这些问题的答案。

接下来，我们来做一个简单的诊断，看一下你目前抖音的整体运营水平。经过这个测试，你会对你目前的抖音运营状态有一个全面、清晰的了解，这会对你下一步的改进与提升，有非常大的帮助。

◎ 抖音账号定位

你为什么要做抖音？想好了没有？

你的商业目标是什么？应该如何变现？做抖音的第一步就是做定位，定位定得好，变现效率就会大幅度提高。定位定不好，无论怎么努力，都只会是徒劳。

抖音昵称		
个人品牌定位	请用一句话填写，你能给用户带来什么价值？	
定位支撑	你为什么能够做到以上这个定位？	
	理由1：	
	理由2：	
	理由3：	
变现定位	你要通过什么方式变现？	
变现支撑	粉丝为什么选择购买你的产品？为什么一定选择你？	
	理由1：	
	理由2：	
	理由3：	
产品诊断	客单价	是否刚需

◎ 账号呈现定位与装修

抖音账号呈现的重要作用，就是要让粉丝从千千万万个账号中马上记住你。因此，你需要打造你的差异化，让自己更具备辨识度。

一般情况下，粉丝只对"某一领域的第一名"具备辨识度，如果你不是某一个行业的第一名，那就想办法让自己成为第一名。

抖音个人品牌呈现整体评估	
呈现定位	你想让粉丝在你个人主页上看到什么？（尽可能详细填写）
整体目标	你想让你的粉丝，看完主页之后，有什么反馈？（选择或补充） 明白你在 _____ 领域非常专业,值得信赖。 明白你的 _____ 产品能够满足粉丝需求。 能够获得粉丝的信任,他可以通过 _____ 找到你。 其他:
自我审视	你的抖音主页达到以上这些目标了吗？ □是　　□否
抖音个人品牌呈现装修评估	

	项目	要求	评分
装修打分	背景图	快速带入你的场景	□1 □2 □3 □4 □5
	昵称	能够快速记忆	□1 □2 □3 □4 □5
	头像	能够建立信任	□1 □2 □3 □4 □5
	简介	能够强化定位	□1 □2 □3 □4 □5
	视频封面	能够呈现风格	□1 □2 □3 □4 □5
整体评估			

◎ 抖音内容规划

你每天发的内容，有没有清晰明确的规划？

如果你的内容是看心情，或者说每天不知道拍什么，那就好好地填一下下边这张表。

没有清晰的内容规划，根本不可能做好抖音。

抖音个人品牌呈现内容评估	
核心问题	你的内容，是不是源于定位细分拆解得到的？ □ 是 □ 否
内容评估	你的某一条或者某几条短视频，是不是已经达到了以下的要求？
	能让粉丝获得系统的收获感。 □ 是 □ 否
	能让粉丝产生与你建立联系的想法。 □ 是 □ 否
	能让粉丝立刻对产品产生兴趣或购买。 □ 是 □ 否
源点分析	你的短视频，是从用户的痛点出发的吗？ □ 是 □ 否
粉丝 痛点分析	请在下边的方框中填入粉丝痛点
短视频创作能力评估表	
创作规划	有没有清晰的内容规划？ □ 有，非常清晰 □ 随缘创作
	有多少视频储备？ □ 1～5 条 □ 5～10 条 □ 10 条以上 □ 无
	有没有基于自己定位分解的内容树？ □ 是 □ 否
内容分类	有没有对钩子内容和锤子内容进行细分？ □ 是 □ 否
内容创作	有没有自己固定的输出风格？ □ 是 □ 否
	有没有对视频前五秒进行特殊设计？ □ 是 □ 否

◎ 流量获取及变现

你知道你的粉丝在哪里吗？你知道如何能够找到你的粉丝吗？你知道应该向他们推送什么内容，才能够有效地吸引他们购买吗？

抖音个人品牌流量获取评估	
粉丝画像	请尽可能详细地描述你预期的粉丝画像
流量来源	你知道你想要的这些粉丝在哪里吗？ ☐ 自然流量 ☐ 达人相似 ☐ 用户画像 ☐ 地理位置
流量获取	如何营销这些粉丝？
抖音个人品牌变现模式评估	
变现模式	请选择你的变现模式 ☐ 短视频带货 ☐ 直播成交 ☐ 私域成交 ☐ 其他
短视频带货	具不具备一定的数据分析能力和抖加投放能力 ☐ 是 ☐ 否
直播成交	有没有稳定的直播场景和直播时间？ ☐ 是 ☐ 否
私域成交	有没有建立私域流量并且对其进行了运维？ ☐ 是 ☐ 否

第二节 你必须知道的案例

如果你不知道自己的个人品牌应该如何变现，你可以先了解一下我们的成功案例，烟台锋格教育运营总监赵丽（抖音号：米粒校长聊教培），她是如何在只有3000个粉丝的情况下获得成功的。

1.米粒校长聊教培的基本运营情况

我们先来看一下米粒校长的情况，烟台锋格教育的运营总监，锋格教育是一家专注学龄儿童练字的书法培训机构。米粒校长2022年4月4号开始做抖音，到了4月20号两个星期的时间，发布了15条短视频内容，取得了这样的抖音变现成绩。

粉丝积累：3000人

获得私域流量：1000人

直接变现：5万元

加盟意向：35 个

加盟变现：50 万元

预计后续最大变现：350 万元

米粒校长直接变现的 5 万元钱，是 5 个校区运营咨询的业务，也就是说，有人看到米粒校长的内容，觉得米粒校长的抖音内容做得很好，愿意花钱跟她学习如何做校区运营，解决自己的校区运营问题。除此之外，米粒校长还扩展了 5 个加盟校区，每一个校区加盟费 10 万元，总共是 50 万元。而这样的加盟商，共有 35 个，也就是说，还有 30 个意向加盟商可以被转化。

我们整天说做抖音的唯一目标就是"变现"。什么是"变现"？这就是最好的变现。从米粒校长的案例出发，我们又能够获得哪些启发呢，米粒校长做对了什么事情？她变现的核心要素是什么？

2. 清晰的目标群体定位

5 个校区运营的咨询业务，卖给谁了？

是不是教培这个行业的从业者？100 万元的加盟费，是不是也是这些人贡献的？这说明了什么呢，这是不是要求我们在做抖音之前，一定要想清楚自己的目标群体是谁？

因此，想清楚自己的目标客户群体，才是做抖音成功的"第一核心要素"。因为只有群体清晰，你才能真正知道要做哪些内容，而不是每天在那里瞎琢磨自己应该去做什么内容，自己应该如何去搞流量。"搞流量"和"搞粉丝"或许是抖音初学者最上瘾的两件事情，如果没有清晰的目标群体定位，这两件事情大概会让你走上万劫不复的道路。

3. 清晰具体的产品序列

米粒校长的产品，是不是非常的清晰具体？

如果你的教培学校业绩不好，你是不是可以找米粒校长咨询，解决目前困扰你的问题？

如果你想要加盟一所教培学校，你是不是可以直接加盟锋格教育，直接使用他们的教育体系实现盈利？

如果米粒校长的产品规划不好，她是不是也很难取得这样的变现成果？我们一定要明白，好的产品是个人品牌的重要支撑，离开了好的产品，个人品牌即便是做得再好，流量做得再大，也没有意义。

4. 流量大小不是决定性因素

流量会在变现过程中起到最重要的作用吗？

正如我们前文说过的，很多抖音新手对流量欲罢不能，但当我们再次审视米粒校长的案例的时候，我们会惊讶地发现，米粒校长的流量也不大，点赞最多的短视频，也只有四五百而已。

我们必须清楚地认识到，流量的大小根本决定不了变现的水平，而流量的精准度，直接决定变现的效率。换句话说，米粒校长的短视频内容，只有给这个行业里的人看才有意义，给教培行业之外的任何一个人看都是多余的，这才是我们对精准流量的正确理解。

再说米粒校长的内容，是不是每一条短视频都在直击这个行业的痛点？是不是每一条内容都可以让教培人学到东西？这就是内容规划的重要性。

米粒校长的每一条内容都不是瞎说的，每一条视频都有清晰的规划和明确的目标，这些视频最后将组成一个系统的整体，系统地向别人展示她在校区运营这个领域的专业水平。

请大家一定要清楚地认识到，真正决定变现效率的，是流量的精准度和内容的专业度。

5. 米粒校长带来的启发

当你来到"米粒校长聊教培"这个抖音账号的时候，你会不会感觉到这是一个很清楚说明了她自己干了什么，并且能够帮助你干什么的账号？当你看到"小白零基础校区运营 | 机构运营瓶颈突破"这个定位的时候，你是不是就马上明白了她的价值？

这才是每一个抖音新手最应该反思的问题。

请你们认真地看一下你们的抖音号，这个基本要求能够做得到吗？有谁能做到让别人一看你的抖音号，就能马上明白你的价值，就能很清楚地知道和你连接能够给他带来什么好处？

这就是你必须学习"抖音个人品牌打造"这门课程的重大意义。

仔细想一想，你的抖音号为什么赚不到钱？当别人在认真设计商业模式的时候，你在干什么？你在那里研究怎么才能突破 500 的播放量；当别人针对目标群体设计内容的时候，你在干什么？你在研究怎么突破人数的直播间；当别人明确了目标，已经开始行动的时候，你在干什么？你在到处趴直播间听着各路大神的忽悠，在妄想听了他们的"葵花宝典"就能马上一夜暴富。

而真正有思想的人，却按部就班，一步一步地把抖音做成了自己最好的变现工具。这就是差距，有思想的和没思想的差距，有认知和没认知的差距，看过书的和不学习的差距。

第三节　为什么你的抖音不能变现

未来 5 年最好的风口，你准备好了吗？

抖音是字节跳动公司于 2016 年 9 月上线的一款短视频社交软件。在经过了 5 年的高速发展之后，已经成为当下最火的商业化生活平台。根据抖音 2021 年一季度的相关数据报告，抖音日活用户已经达到 6 亿，峰值已经接近 7 亿。除此之外，"90 后"使用抖音的月均时长竟然高达 33 小时，也就是每天 1 小时以上。

说抖音是目前最大的流量平台，一点也不为过。

有流量，就会有生意的机会。抖音的商业化一直是大家讨论的热点。5 年来，抖音的短视频、直播和直播带货捧红了很多人，也涌现了很多财富神话。这些成功的案例会让创业者跃跃欲试，大家也都希望能够在抖音平台上，找到属于自己的一片天空。

再次强调一下，近 7 亿的日活用户，1 小时以上的日平均使用时长，抖音这样的数据背后蕴含着无数的商业机会。在这些机会面前，创业者能做什么？创业者又应该怎么做呢？

1. 抖音，是一个什么样的风口

要想做好抖音，创业者必须清楚地知道抖音是一个什么样的风口。这个风口的特征是什么？相对于之前的电商、微商等商业形态，抖音在哪些方面表现得更高效呢？

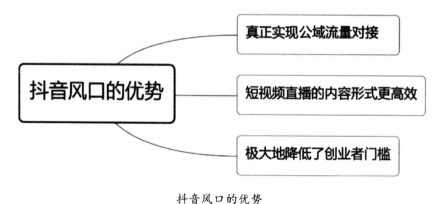

抖音风口的优势

首先，抖音通过流量池算法，真正地实现了个人对公域流量的对接。这种对接意味着人人都有机会从抖音的大流量池中获取和更多人见面的机会，这个优势是电商生态和微信的社交生态都不具备的。我们都知道，电商生态和微信的社交生态，都是典型的中心化流量算法，也就是平台控制了公域大流量池的分发。

比如，想要在这些平台上获得更好的位置，就必须支付广告费。想要用微信做生意，肯定要想办法往自己的微信号或者公众号上添加粉丝，否则很少会有人关注你发布的内容。

抖音通过流量池算法，真正让"内容"成为决定流量分配的唯一核心要素。

其次，抖音提供的内容表达形式，让人们能够更快、更准确地接受。相对于微信朋友圈、公众号的图文表达形式，抖音的短视频表达形式更加直接，更符合用户的使用习惯。抖音每天超过 1 小时的用户使用时长，意味着抖音已经占据了绝大多数用户的碎片时间。这些时间哪来的呢？大概是公共交通上通勤的时间，工作之余闲暇的时间，睡觉之前娱乐的时间。这些碎片时间中的相当一部分，已经被大量的用户贡献给了抖音。

最后，抖音极大地降低了个体创业的难度。

现在电商平台的竞争已经非常激烈了，在一些大的电商平台如果没有团队，没有足够的推广成本，想要成功，难度非常非常大。

而抖音却在这个时候，通过内容电商（也表述为兴趣电商）的形式，给普通创业者带来无限的希望。

2.抖音风口下，机会在哪里

在这样的风口下，普通的创业者，能够获得什么样的机会呢？只有对这个问题有了清晰的认识，创业者才能有的放矢，能够真正把握住这次历史机遇。

总体上来说，抖音能够给普通创业者，提供四个方面的发展方向。

◎ **粉丝经济**

有能力获得粉丝的创业者，可以通过粉丝经济的方式去变现。获取粉丝的方式有很多种，个人品牌号、剧情号、内容号和视频剪辑号等方式都可以。变现的方式也有很多种，可以通过直播，也可以通过带货。

不同的粉丝积累方式会造成变现效率有比较大的差异。剧情号之所以很难变现，就是因为剧情号粉丝大概不会为主播推荐的产品买单。这需要创业者真正懂得粉丝、流量和变现之间的逻辑关系，才能更好地在抖音上创业。

◎ **抖音电商**

随着抖音小店、抖音门店和小黄车等功能的不断完备，抖音的电商属性越来越明显。越来越多的消费者，开始在抖音上搜索产品进行购买。因此，抖音电商将会是抖音生态的一个重要组成，而且会越来越重要。

信息流广告、短视频带货和直播带货都是抖音电商的表现形式，对于创业者来说，可以根据自己的优势特长，进行灵活的选择。

◎ **抖音本地**

大家都见过被抖音带火了的本地饭店，这种案例数不胜数。抖音本地（同城号）是抖音非常好的机会。相对于传统的本地生活平台，抖音无论是在短视频的呈现形式上还是在与顾客一对一沟通的效率上，都具有极大的领先性。

如果你有一个短视频运营团队，同城号一定是一个不错的方向。本地美食探店、房地产和二手车等都是很好的赛道。除此之外，为本地商家提供抖音代运营也是不错的方向。当然，如果你本身就是做本地生活生意的，那么抖音一定会给你带来更大的客流。

◎ **知识付费**

知识付费也是同样的道理，由于抖音的出现，老师也有了直接和用户面对面的机会。不仅可以直接直播讲课，还可以直接售卖自己的课程。

有了抖音以后，学习修车不用去汽修学校，学习厨师不用去烹饪学校，甚至学习挖掘机也不用去找技校。这几年，有很多老师已经成功地在抖音上完成了转型，吸粉和变现都做得很好。

当然，知识主播的门槛很高，如果没有在某个行业躬耕十年八年的经历，想做知识主播，难度是非常大的。

3. "不看书"的抖音新手的三大误区

随着抖音爆发出越来越强的商业能力，想要上抖音来创业的人越来越多，但遗憾的是，绝大多数人都没有取得成功。

请大家记住，抖音绝对不是随便发发视频，搞搞直播就能火的。对于绝大多数人来说，抖音也不是挂挂小黄车就可以发财的。因为，抖音有很强的商业特征，只有对这些特征有了充分的了解，才有可能取得成功。抖音新手最大的问题，就是"不看书"直接去考试，

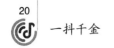

这种情况估计很难考出好的成绩。

◎ 过度迷恋播放量

作品破播放，可能是抖音新手面临的最困难的事情。因此，破播放就成了很多人每天都去研究的主要问题。甚至很多人为了播放量，放弃了自己垂直的方向，专门去拍能火的段子。

播放量重要吗？当然很重要，播放量代表着创业者的作品被用户播放的次数，也代表着创业者能从抖音平台获得流量的能力。但再仔细想想，播放量可能也没有这么重要，因为很多人有了很大的播放量也没有变现。

因此，没有好的商业模式，没有足够出色的产品，播放量即便再大，也是过眼云烟，飘过一下就没有了。

◎ 过度迷恋直播间人数

"打造百人直播间！打造千人直播间！"

这是很多抖音新手，尤其是做直播的新手的目标和口号。为此不惜每天花很长时间趴直播间学习技巧，花很长时间背话术。可是一个月坚持下来，不仅自己的直播间人数还是个位数，更没有得到变现。

个位数直播间、十人直播间、百人直播间和千人直播间，仅仅是一个流量大小的区别。还是那句话，做抖音不是和别人比数据，有人能在 50 人的直播间每个月变现超过百万，你为什么不能？

和播放量一样，没有好的商业模式，没有足够出色的产品，直播间人数就是再多，也同样是过眼云烟，飘过一下就没有了。

◎ 变现逻辑不清晰

你的抖音应该如何变现？

10 个抖音创业者，9 个回答不上来这个问题。

抖音诚然是现在最大的风口，但这不代表拍拍作品、做做直播就可以马上让你逆袭成功。每个人的优势、特长不一样，因此每个人在抖音上变现的方式也不一样。能够在抖音顺利完成变现的，都是在动手之前，就把自己的变现逻辑规划得很清楚的人。只有这样，才能步步清晰，事半功倍。

当然，抖音的变现逻辑也不是一句话两句话就能够讲清楚的，这也是本书探讨的核心内容。本书会从个人品牌打造、产品、短视频和直播等多个角度，讲清楚抖音变现的底层逻辑。只有明白了这些核心点，你的工作才能更高效，才能尽快地在抖音上拿到结果。

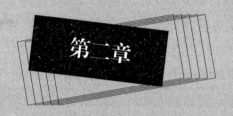

第二章

全面了解抖音创业

第一节　理性地认知抖音平台

抖音平台上，为什么会"镰刀"这么多，"韭菜"这么多？这些韭菜为什么又是"野火烧不尽，春风吹又生"？道理很简单，就是因为"不懂"，在自己没有明确的判断标准，又迫切地想要取得成功的情况下，选择了相信那些"镰刀"的话，让自己沦为"韭菜"。

有人摁着你的手指头让你去给镰刀老师付款了吗？没有吧。那你为什么要一把鼻涕一把泪地控诉别人把你当韭菜割呢？想想自己有没有错，自己又是错在哪里呢？

所以，对抖音平台建立一个理性和清晰的认知，是非常重要的，如果你对抖音平台没有一个理性和清晰的认识，你又怎么可能把事情做正确呢？

1. 来抖音，最应该回答的问题是什么？

我能在抖音上干啥？

这是一个既简单，又直接的问题，但遗憾的是，90% 的抖音新手创业者都回答不了。

正是因为回答不了这个问题，所以相当一部分抖音新手创业者就会整天趴在各路大神的直播间里，听他们各种花样吹牛；正是因为回答不了这个问题，所以相当一部分抖音新手创业者买了镰刀老师的课程，沦为韭菜；也正是因为回答不了这个问题，所以相当一部分抖音新手创业者看到别人在做什么，自己就去做什么，照猫画虎，你不失败，谁失败？

所以，"我能在抖音上干啥？"这个问题，是一定要找到答案的。而要回答这个问题，就必须对抖音平台有清楚而又理性的认知。

2. 抖音创业分几种？

什么叫作理性和清晰的认知？就是你清楚地知道抖音平台是什么，你能够在抖音平台上干什么，这两个问题有了答案，那谁也不可能把你当韭菜去割。

我们先把抖音创业分分类，你看看自己能够干哪一种。当然，区分抖音平台创业类型的角度有很多，在这里，我们从最底层的分类方式开始说起。就是从"对抖音平台定位"的角度，抖音创业可以分为"把抖音当作流量平台"和"把抖音当作推广工具"两大类。

◎ 把抖音当作流量平台

什么叫作把抖音当作流量平台？很简单，就是抖音有流量，你能够变现。抖音平台会抽取合理的平台使用费，例如你做主播获得的音浪，抖音平台会分走一半（非工会）。你做直播带货、短视频带货，你的成交额抖音小店会抽取相应的平台使用费。你甚至可以通过 DOU+ 或者千川的方式，直接在平台上采买流量，总而言之，一切能够把平台的流量变成钱的方式，都属于这个范畴。

但是这种操作方式对普通创业者来说可能有点困难，主播已经越来越不好做了，短视频带货和直播带货对创业者的要求越来越高，如果不加强学习，普通人能够在这个领域做出成绩的可行性已经越来越小。

◎ 把抖音当做推广工具

什么叫作把抖音当做推广工具？意思就是自己本来有产品或者项目，你可以通过抖音进行推广，来扩大自己的覆盖范围或者增强自己的拓客能力。这种模式要求你要对自己的"抖音运营模式"有一个很好的梳理，能够非常明确地知道抖音在你的整个业务体系中占据一个什么角色，这样你才能够更加游刃有余。

除此之外，抖音平台的一些基本的作业要领，你也必须学会，比如说，你要知道自己的个人品牌是如何在抖音上传播的，你还要知道短视频到底应该如何去拍，直播到底应该如何去做。

　　总结一下，想要在抖音上不迷茫，你首先要分清楚你做的是抖音流量的生意还是把抖音当推广工具的生意，这两种模式有着本质的差异。第一种方式的竞争相对激烈，想赚大钱可能难度有点大，但补贴一下家用是没问题的。第二种方式的前提条件是你一定要有一个出色的项目，如果你的项目出色，运营得当的话，就有很大的机会赚到大钱。

第二节　详解抖音的九大核心赛道

　　有多少人的抖音创业，是失败在赛道选择上？

　　对赛道的认知不清楚，盲目自信，错误估计自己所在赛道竞争的困难程度，是绝大多数抖音创业者不能成功的主要原因。比如，当我们看到广州夫妇、疯狂小杨哥这样的剧情号，可以通过直播带货变现，我们是否也可以尝试去做这样的剧情号，也通过直播带货的方式变现呢？

　　答案是不可以的。

　　为什么不可以？在面对这些抖音创业赛道的时候，我们到底应该思考哪些问题？一般来说，赛道的发展趋势、行业的容量、对个人能力的要求、对资源匹配的要求、对消费者需求的研究，都是我们要认真思考的关键因素。在这一节里，我们将对抖音的九大核心赛道（影视剪辑号、剧情号、美食号、书单号、直播带货、短视频带货、个人品牌、知识主播、同城达人）进行详细的分析。

1. 普通创业者一定不要做的赛道

◎ **影视剪辑号（体育剪辑号）**

影视剪辑号在早期确实能够收割到相当一部分流量，但现在，这不是一个好的创业方向，虽然影视剪辑号上手比较简单，但现在几乎做不出来什么结果，影视剪辑号不能做的原因一共有三点。

第一，影视剪辑号的本质，就是内容搬运，而现在平台对影视版权的保护以及对内容搬运的打击力度都越来越大，政策性风险几乎是天天都在身边，做这种事情风险太高。

第二，以现行的政策来说，影视剪辑号允许部分引用原视频声音，但非常有限，这就要求创业者必须有能力自己写影评，自己配音，这几乎难倒了 90% 以上的小白创业者。

第三，影视剪辑号几乎没有能够变现的商业模式，广告接不到，就只能在视频里挂上小黄车带货，这种变现模式的可控性太差，不适合作为一个稳定的商业模式来经营。

◎ **剧情号**

剧情号是什么变现逻辑？白天高大上总裁，晚上杂货店老板，这就是几乎所有的剧情号都面临的窘境。

所以，剧情号属于严重不能做的赛道。

不要觉得别人能够通过剧情号的方式积累粉丝，然后通过直播带货的方式变现，我们也一样可以做到。事实上，只有极为少数的剧情号能够顺利完成这样的转型，绝大多数，都死在了转型的路上。

为什么剧情号很难实现带货转型？道理很简单，粉丝喜欢看你的段子，但不代表粉丝必须要从你这里购买产品。我们必须清楚地认识到，看段子和购物是两件事情，段子满足的是娱乐需求，而购物满足的是消费需求，不要觉得这两个人群是一个人群，就把这两件事情混淆在一起，这两件事情不是一个逻辑。

◎ 书单号

除非你的基本功非常出色，否则，书单号的机会也没有了。现在谁再告诉你书单号能做，100% 就是割韭菜。

书单号本来是一个很好的赛道，但现在的问题是，普通人能在这个赛道赚钱的风口已经过去了。道理很简单，现在的书单号，对创业者的要求是非常高的，你要能够写出高水平的文案，还要能够去拍很好的短视频，这些门槛普通创业者是很难达到的。

◎ 团购达人和同城服务

2022 年年中的时候，团购达人和同城服务这个赛道在抖音上非常地火，各种课程层出不穷，那对于普通创业者来说，这两个赛道可以做吗？

当然不能做，尤其是对于刚开始抖音创业的人来说，这就是个深坑。团购达人和同城服务不能干的核心原因有三个。

第一，同城服务和团购达人对运营能力的要求是非常高的。有能力的店面都在搞自播，根本用不到别人来服务，而想要服务那些自己没有能力做抖音的店面，需要很强的运营能力。比如直播场景搭建，引流短视频拍摄，直播话术培训，直播付费投流。

第二，我们很多创业者连自己的账号都运营不了，还想去运营同城服务，团购达人，这怎么会取得成功呢？

团购达人，或者说探店达人，是一个容量非常有限，而且非常内卷的赛道。一般情况下，一个几百万人口的城市，能够被记住的团购达人，不会超过 10 个。我们可以看看这些人的短视频水平还有他们的运营水平，普通创业者用什么和他们竞争？

第三，也是最重要的一点，"好店不需要探店，烂店也就这一回。"店面的经营是要靠他们自身的基本功的，团购达人只能起到一个推荐的作用，并不是核心作用。对于这一点，我们一定要有一个清醒的认识。

除了以上三点之外，我们还可以尝试换一个角度看一下这件事情，如果本地服务真是门槛这么低，人人都可以通过这种方式去创业的话，那么饭店里的探店达人甚至有可能比吃饭的人还多，因此，人人能做的事情，大概都是一个很难做成功的事情。

2. 可以去做，但普通人有压力的赛道

◎ 三农与美食账号

现在很多三农账号都是以美食号的形式呈现的，因此，在这里我们把这两个赛道放在一起分析。

民以食为天，美食这个赛道永远不缺流量，而除了少数的专业美食博主，多数美食号都出自三农领域。这个赛道流量不匮乏，而且大环境也比较好，各方面政策都比较支持。但问题是这个赛道太内卷，竞争非常激烈。

想要做好这个赛道，有两个建议，第一，想好商业模式再动手，以免流量大了没有东西卖，这是非常多的美食博主面临的问题。还是那句话，即便是美食赛道，也不是你有了粉丝你就什么都可以卖的，粉丝喜欢看你的内容，并不代表一定要从你这里买东西。第二，拍摄一定要找一些新奇特的点，要有差异化，不然，能够出圈的概率就很低。

◎ 直播带货

抖音最大的交易量，就是直播带货这个赛道了。直播带货这个赛道的情况相对比较复杂，总体上说，直播带货是一个好生意，但不一定适合所有的人做。

直播带货分为两种，一种是卖别人的货，一种是卖自己的货。对于普通创业者来说，第一种方式就不要掺合了，因为这是属于大的直播机构的生意，专业的主播、优质的供应链、雄厚的资金，这都是想要做好直播带货的必要条件。第二种方式比较适合普通人创

业，这种方式实际上就是自己建设一个线上的柜台，把握好自己的产品和供应链，每天坚持直播，长期坚持，一定会有收获。

3. 普通创业者相对比较现实的赛道

◎ 短视频带货

短视频带货是对普通创业者来说，相对比较现实的赛道。

因为"精选联盟"实际上就是全民分销的概念，谁都可以通过自己的能力去赚取佣金。

想要把短视频带货这件事情做好并不容易，因为这对创业者来说需要全面地提高自己的拍编剪的能力。但相对之前的几个赛道，这确实又是一个一旦提升了自己的拍编剪能力，创业者很快就能看到回报的赛道。因为这是个容量超级大，只要自己有专业能力，一定会有收获的赛道。

建议大家耐心地做一下这个赛道，因为坚持的时间越长，你的拍、编、剪的能力就会提高得越快，带货效果就会越好，后续再加上直播作为辅助，这个盈利模式是可以跑得通的。

◎ 个人品牌

个人品牌（个人 IP）现在很热，这也是一个非常好的赛道，个人品牌的适用范围非常广，非常适合普通人的抖音创业。

但是个人品牌本身也有自己严谨的商业逻辑，个人品牌绝对不是做几条短视频把自己炒热了就可以的，我们在抖音上也可以看到有很多人把自己炒热了其实也没得到什么结果，有的甚至还适得其反。

鉴于本书的主体内容就是介绍抖音个人品牌的打造方法论，此处就不再赘述。

◎ 知识主播

如果你在过去的十年八年，对某一个领域有非常专业的研究，那么恭喜你，属于你的时代，真正到来了。

知识主播绝对是目前抖音最好的赛道之一，因为抖音真正实现了在公域流量里，人和人之间的直接对接。那也就是意味着，一旦我们对某些陌生领域有知识需求的时候，我们都可以通过抖音的平台，找到这个行业比较有经验的人帮我们解决问题，这是最快的方式，也是最高效的方式。

但是，经验只是解决零散问题的总结，而知识则是系统解决某些问题的方法论。做一个知识主播的难点，在于你必须有能力把你的知识变成知识产品，因为只有这样，你的知识才能实现无差别的复制，你的产品成本才能趋近于零。

第三节　抖音盈利模式搭建四个核心点

我们都知道，想要在抖音平台获得盈利，就必须有自己的盈利模式。但很多抖音新手看到"盈利模式"这四个字的时候，脑袋都特别大，到底什么是盈利模式？我们又应该如何设计自己的盈利模式呢？

盈利模式说复杂也复杂，它要求你对自己的变现链路要有很清楚的设计。说简单也简单，它实际上只有四个要素和一个原则。

抖音盈利模式的四个要素，产品，内容，流量，直播。一个原则，复利。

1. 产品——你的抖音能卖什么产品？

抖音盈利模式的第一个要素，产品。我们是什么产品都能卖吗？当然不是，要记住，我们只能卖与我们的 IP 人设高度相关的产品，或者换句话说，我们一定要能回答，"粉丝为什么一定要找你买这个产品。"这个问题看似简单，但确实也难倒了一批英雄好汉，因为这里边隐藏着"因为我便宜"这种伪答案。你便宜粉丝就一定会买单吗？

想要销售产品，你需要给到粉丝的答案一定是简单而肯定的，例如，卖海鲜的，我的海鲜当日晨捕，卖苹果的，我在烟台核心产区。如果你不能给出这样肯定的答案，那么粉丝肯定就没有充分的购买理由。这也可以从另外一个角度回答，为什么很多剧情号做直播带货很难，因为你的产品绝大多数都不能站得住脚，相对于专业直播间的高性价比，粉丝不买账，这是很正常的表现。

2. 内容——你的抖音，到底应该去发什么内容？

抖音盈利模式的第二个要素，内容。我们到底应该去做什么内容？内容应该是围绕着流量还是围绕着产品去做呢？毫无疑问，当然是产品，或者换句话说，一定要围绕着用户需求去做。

我们在米粒校长的案例中可以发现，她并没有发任何一条与她的业务没有关系的内容。而我们的很多抖音新手创业者，还在整天为自己能不能突破 500 播放量感到焦虑。有什么好焦虑的呢？只要你的内容方向是对的，哪怕只有 500 流量，你都可以看到效果。

3. 流量——到底应该如何评估流量？

抖音盈利模式的第三个要素，流量。流量是越大越好吗？当然不是，流量大小根本不重要，流量效率才是核心关键。

什么叫作流量效率？来 10000 个人卖了 100 单是比不上来 100 个人卖了 10 单的。而且你还要明白一件事情，人多的环境，是根本卖不动一些高附加值的产品的，也就是说，如果你想把产品卖贵，过分地去追逐流量大小，是没有意义的。

4. 直播——给自己建立一个"营销场"

抖音盈利模式的第四个要素，直播。直播现在的意义是什么？很简单，就是你的线上"柜台"，这个柜台有什么优势呢？

这个柜台可以面向全网所有的粉丝，同样这个柜台开设的成本非常低。从某些层面上讲，这么一个柜台甚至就可以取代你原来在全国设立的专柜。这样的柜台，就是你最好的"营销场"。

所以，如果可能，你要坚持长时间的直播。

很多人对"日不落"直播间都不理解，为什么要直播这么长的时间呢？我们举个例子，很多商场的专柜都要从早晨 9 点开到晚上 9 点，也就是 12 个小时的工作时间。而对于线上工作来说，晚 8 点到凌晨 2 点又是线上购物的高峰期，我们必须清楚地知道，粉丝们的购物场景和时间都在发生变化，要适应他们的变化，我们就要尽可能地坚持长时间直播。

5. 一个原则——复利原则

什么叫作复利原则？

非常简单，就是你昨天干的事情，对今天有意义。今天干的事情，又对明天有很大的意义，这就是复利原则。

很多人在抖音创业的时候都是浅尝辄止，做了一些尝试之后没有得到结果就不再坚持。要知道，无论短视频带货、直播带货、个人品牌这几种创业方式中的任何一种，都是需要足够长时间的坚持，你才能找到最后的答案。

最后总结一下，我们应该如何去建立自己的商业模式呢？把以上四点往自己身上一套就知道了。你的产品能不能回答粉丝为什么找你购买？你的内容的出发点是不是产品或者用户需求？你的流量效率够不够高？直播有没有搞，有没有让自己的柜台长时间地运转

起来？

如果不是，那就抓紧校正，如果都是，那恭喜你，你是有商业模式的，你距离成功已经很接近了。

第四节　抖音个人品牌打造的四个核心要素

通过赛道第二节的抖音核心赛道分析我们可以看出，几乎所有抖音比较好的赛道，都需要个人品牌的加持。因为，对于这些赛道来说，建立"辨识度"需要靠个人品牌，建立"信任度"也需要靠个人品牌，成功"变现"也需要靠个人品牌。

一个可变现的个人品牌的基本要素包含 IP 定位、信任打造、流量获取、产品承接四个方面。每个方面都需要很好的设计，哪一块拖后腿，你的个人品牌都做不成。

1. 第一要素：IP 定位（人设）

什么是 IP 定位？

很简单，IP 定位就是你在抖音上的"辨识度"，是给粉丝一个理由，让粉丝能够记住你。但这个"记住"，是有一定标准的。这个标准就是粉丝在"对某种产品或者服务有需求的时候，能够第一时间想到你"。如果这一点做不到，那就说明你的定位是失败的。

你可以看一下自己的 IP 定位，粉丝为什么记住你，又在对哪些"产品或服务"有需求的时候，能够第一时间想到你。

2. 第二要素：信任打造

如何能够让别人相信你？

信任打造最核心关键的事情就是抖音主页的装修。很多抖音创业者都会为自己的主页装修感到疑惑，但其实这件事情本身并不复杂，你只需要能够把握住一个原则，你就会明白抖音主页装修到底应该怎么做。

抖音主页的各个元素，其实就是一套完整的信任打造的过程。

了解了这个原则，我们就可以按照下边这个表格，去给自己的抖音主页做装修。

要素	原则
背景	场景代入
昵称	快速记忆
头像	建立信任
简介	强化定位
短视频封面	风格呈现

3. 第三要素：流量获取

对于个人品牌来说，你主要的流量获取方式，一定是短视频。

所有短视频内容的源点，一定要基于你的定位，与定位没有关系的短视频，一条都不要发。请你记住，每一条短视频内容，都是在强化你的定位，目标都是让用户在"对某种产品或者服务有需求的时候，能够第一时间想到你"。只有这种流量，才是有意义的流量。

所以，不要再相信那些"零粉、零作品"开播的说辞，你一个作品都没有，让粉丝怎么信任你？

4. 第四要素：产品承接

失去了产品承接的个人品牌，是毫无意义的个人品牌，大家一定要对这一点，有非常清楚的认知。

产品承接才是核心中的核心。我们再次强调一遍，有了个人品牌是什么产品都能卖吗？当然不是，你的产品一定要能回答一个问题，就是"粉丝为什么找你购买这个产品。"也就是说，这个问题一定要有肯定的答案。换句话说就是，你的产品一定要能够接得住你 IP 的流量，如果你的产品接不住个人品牌的流量，那你的产品设计一定出了大问题。

第五节　如何让你的抖音号为你赚钱

抖音到底是你的什么，如何让你的抖音为你赚钱？

在正式开始学习抖音个人品牌打造之前，我们必须有一个简单的认知说明，抖音，到底能够在你的个人品牌打造过程中，扮演一个什么角色？只有将这个问题想清楚，准备好，创业者才能对抖音创业充满热情，才能够让你的抖音号为你赚钱。

先记住答案，从内容的角度，你的抖音号是你个人品牌的"电视台"，从营销的角度，你的抖音号是你个人品牌的"大名片"。在这一节里，我们将为大家分析清楚抖音的"电视台"和"大名片"的作用，让你的抖音真正能够为你赚到钱。

1. 抖音号就是你个人品牌的"电视台"

做一个形象的比喻，抖音账号就是个人品牌的一个电视台，这个电视台要播出很多节目，录播的节目就是短视频，直播的节目就是抖音直播。

电视台要想获得收益，节目一定要稳定，直播一定要有看点，这是两个核心关键点。抖音创业也是一样的，节目稳定就是短视频要持续输出，直播有看点，就是直播间必须有内容。电视台一旦开播，就不能停下来，所以，如果想要做抖音，就一定要做好打持久战的准备，准备好去建设一个属于自己的电视台。

想把自己的电视台做好，就必须对自己有清晰的内容规划，也就是说，你的电视台必须要有明确的"节目表"，这样粉丝才能知道来你这里看什么，如果你只会今天东聊聊，明天西聊聊，内容不系统且没有什么看点，那么这样的电视台怎么可能收获观众，你也就不可能在抖音上赚到钱。

2. 抖音变现必须要反复强调的两件事

一个普通的抖音创业者开直播，到底有什么用？能赚到什么钱？

很多人做抖音会有这样的误区，觉得开播了，在直播间里和大家聊天，分享生活，就会有人给你刷礼物，或者觉得卖个什么东西，大家马上就会去买你的东西。

动动脑子吧，以后不要有这样不切实际的幻想了。我们举个例子，假如你在村头和你的邻居聊天，聊完之后对你邻居说让他给你十块钱，你觉得他会给吗？即便是给一次，他会天天都给吗？

这个道理大家都懂，那么你又为什么会去幻想，有人会在你的直播间里天天打赏呢？

你有什么能力让别人天天为你打赏呢？

所以，不要对抖音抱有不切实际的幻想，我们再强调一遍，抖音是有严格的商业逻辑的。不是聊一点家长里短就能成功的，也不是拍几条短视频，就能成功的，更不是天天坐在那里直播，就能成功的。

◎ **第一个反复强调的事：把抖音当做推广工具，而不是挣抖音的钱**

对于 90% 的人来说，你都应该把抖音，当做你个人品牌的一个推广工具，而不是琢磨在抖音自身上下什么功夫，挣什么钱。例如直播带货这种把抖音的流量变成钱的事情，基本没有普通人的机会。你的机会大概会来自你本来就有一个事情在做，所以你应该重点考虑如何能用抖音让你现在的事情变得更好。

我们来看这样一个案例。

山东邹城，一家卖炒鸡的小饭店，虽然从专业的眼光看，这个老板肯定不懂得什么是个人品牌。但是他却能通过抖音的形式，用电商发快递的方式，让更多远离家乡的游子吃到家乡的味道。这就是普通人，把自己的个人品牌打造好的巨大好处。这些远离家乡的游子一定会把他的店分享给更多的同乡、同学，他们回家的时候也一定会去这个店里光顾，而老板则通过这种方式增长了30%以上的收入。

◎ 第二个反复强调的事：变现和流量、粉丝没有直接线性关系

可以负责任地说，变现和流量没有任何直接的线性关系，并不是你的流量越大，你赚的钱就越多。

也正是因为这个原因，不要把目光整天放在流量和粉丝上。

为什么那些镰刀老师要整天给你讲流量、粉丝、标签、算法这些看不见摸不着的东西？道理很简单，因为这些事情你搞不定，你就会一直在他们直播间里问，你就成了他们的流量，他们就有了打赏，也就可以顺利地卖了课程。

米粒校长的内容，教培行业之外的任何一个人看，都是多余的，不需要。邹城的炒鸡店，只要不是这个地方的人，看了都没有意义。

请你们一定要记住下边这句话。

流量和粉丝有意义的前提条件，是你在做有意义的事情，做的是正确的事情。而大多数直播间的同学，你都不知道什么事情是正确的，你整天研究流量有什么用呢？

从今天开始，一定要更正自己对抖音的看法，如果这个看法你改变不了，你永远都做不好抖音，永远都成功不了。

3.发挥抖音的"大名片"作用

如何能够让你的抖音号为你赚钱？把你的抖音号设计成你的"大名片"。让人一看就知道你在哪个方面是专业的，一看就知道和你取得联系会获得什么好处。打造自己的"抖音大名片"总共需要四步，分别是"自我定位""抖音呈现""精准流量""转化成交"，每一步都很关键。

抖音大名片作用图

◎ 找到你想干的事情，并且做好定位

第一步，请找一个你觉得你能在抖音上赚钱的事情。这个事情要根据自己的实际情况出发，靠自己的判断，不要听任何人忽悠。

对于普通创业者来说，你大概只能在这几件事情上干出结果来，其他的不能说不行，但难度非常大。

第一件事，做自己的个人品牌，为自己现在正在做的事情引流。如果你自己有生意，或者家里有工厂，或者住在某一个产区，或者自己有个店，都可以使用这种方式。

第二件事，选品，做短视频带货。如果你对做视频感兴趣，那么就认真选品，认真做短视频。这个对短视频制作能力有一定的要求，需要一定的水平，但是这个水平不是遥不可及的，是可以通过不断学习达到的。

短视频达到一定水平之后，可以把直播结合在一起做。让你的短视频做前端流量，自己承接流量成交，这样一个立体的好物推荐直播间就可以做起来了。

第三件事，如果有足够的能力，做知识主播。这是最高的段位，如果你有能力做自己的知识产品，那当然是最好的，如果没有，加入一个组织也是不错的选择。

不要再幻想着，你能赚多少打赏了，这是不切实际的想法。

在找到自己的方向之后，你还需要一个清晰的定位，定位的价值就是能够让粉丝清晰地了解你能为他做什么。关于如何定位自己，本书有专门的章节详细讲述，这里就不再赘述了。

◎ 一定要做好自己的抖音呈现

为什么要做抖音呈现？

很简单，就是让你的抖音把你现在正在做的事情表达清楚。抖音呈现分为两个部分，分别是装修和内容输出，当然，如果非要加上直播的话，直播也算。这些内容在本书里都会有详细的讲解，这里就简单说一下基本的原则。

最基本的要求是，一定要让你的粉丝一看到你的抖音，就知道你是干什么的，就知道你能给他带来什么价值。

如果你是老师，就把你的专业内容放在抖音上；如果你是饭店老板，就把你的好吃的饭菜放在抖音上；如果你做的是好物推荐，那就把产品优点长处放在抖音上。

米粒校长的内容非常简单，全部都是校区运营的细节内容，所以当别人看到她的内容的时候，会认为她在校区运营领域非常专业，因此愿意和她产生连接，愿意找她去做咨询，愿意去加盟她的校区。

强调一下，你的每一条内容，都需要带着极大的目的性，与目标无关，与定位无关的内容，一条都不要发！比如，如果你是饭店，那就让大家看到你的食材，原料，技术，成品。如果你是学校，就让大家系统地看到你的教学成果。如果你是短视频带货，那就琢磨一下如何能让你的粉丝感觉到你的产品与众不同。

这才是你应该去做的事情。

因为粉丝只有看清楚了你，才会下决心和你产生交易。

◎ **让精准的人群来看你**

让谁来看你？

从现在开始，请忘掉"粉丝"这两个字，为什么要忘掉粉丝这两个字？答案很简单，因为没用。你的粉丝如果没有为你买单，那就是什么意义都没有的粉丝。

你想要谁看呢？要回答这个问题，还得回归我们之前说的老问题，你的商业模式是什么，你是做什么的，你要靠什么赚钱？

什么精准粉丝，什么吸引精准粉丝，这些都是站不住脚的。只有清楚地知道自己想要营销的粉丝在什么地方，然后让他们来看你的短视频，才是应该做的事情。

忘掉"粉丝"，记住"目标用户"。

◎ **做好转化成交**

成交有一个关键点，就是你必须设计一个能够体现你的价值，并且最容易成交的产品。

做店铺的，发一个自己的优惠券，做短视频带货的，有一个引流品，做知识主播的，有一个能够迅速转化成交的课程。如果你的产品实在是客单太高，想办法让目标用户进入你的私域流量，通过私域流量的方式，营销他们。

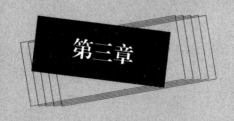

第三章

个人品牌是抖音最好的创业方式

第一节 个人品牌定义

从这一节开始，我们将正式进入个人品牌打造的学习，想要学习好个人品牌的打造，我们就必须弄清楚，到底什么是个人品牌？个人品牌有什么商业价值？

1. 个人品牌是品牌的一种运营方式

个人品牌是品牌的一种运营方式，只不过这种运营方式把"人"当作品牌运营主体。简单一点来说，个人品牌就是一套以个人特征为基础，以人格化运营为主要手段的内容体系。建立一个超级的个人品牌可以让自己在互联网平台上辨识度更高、穿透性更好、代入感更强、想象力更大。

个人品牌的能量有多强大？2020年4月1日，罗永浩宣布转战抖音，正式成为一名带货主播，来看一下他的首战成绩。

◎ 抖音带货标杆罗永浩

2020年4月1日晚8点，抖音主播罗永浩正式上岗，和老搭档朱萧木一起直播卖货。开场10分钟，直播间观看人数已经飙升至218万，最高达270万人同时观看。开场5分钟，老罗收获155万音浪，5秒后，音浪就飙升到了162万，全场共收获音浪3632.6万，折合人民币360余万元。

此次，罗永浩总计销售额达1.7亿元，累计观看人数4875.4万，成交订单84万。老罗卖的第一个产品来自"老朋友"小米，一支"巨能写"的中性笔，售价9.99元10支。该产品上架1秒，5万盒即被抢光，"处女作"成绩亮眼。随后，奈雪的茶现金卡、欧莱雅男士洁面套装、碧浪洗衣凝珠、小米米家充气宝、易来智能台灯和飞利浦智能门锁等共20件产品相继亮相。

这就是个人品牌的力量,对于每一个普通人来讲,可能没有能力做到罗永浩这样的数据,但罗永浩这个在手机竞争中的 loser,已经证明了基于"个人品牌"创业的巨大能量。

个人品牌的最大价值,在于能够让"信任"实现从个人到产品的让渡。在产品质量没有问题的前提下,这种让渡能够让消费者迅速地对产品产生信任,进而迅速产生销售。

2. 个人品牌即将成为一种新商业模式

抖音上的创业是非常依赖个人品牌的,因为如果大家不能信任你,你就不会拥有任何变现的机会。这种基于信任而产生的销售行为,能不能成为一种新的商业模式?

这个答案是肯定的,个人品牌一定会成为一种全新的商业模式。

◎ 寒门出身的"北大才女",转型直播带货"月销过亿"

北京大学毕业的刘媛媛,几年前参加演说综艺蹿红,现今正忙碌着直播带货。据了解,刘媛媛自从在抖音创立同名账号"刘媛媛"以来,至今在平台已坐拥1405.9万粉丝,获赞8440.2万。

身披"北京大学法律硕士""福布斯精英""超级演说家冠军"等多个头衔,足以让刘媛媛立稳学霸和专业的主播人设,她从一开始游刃有余地带货图书品类,再到逐渐深挖垂类和拓宽品类,完成了其在抖音直播的经营布局。

刘媛媛在内容端和直播端协同创造消费场景,精准触达目标用户,能同时唤醒用户的消费需求。以刘媛媛在直播间带货图书《做个不生气的妈妈》为例,因其在内容端已有"如何拒绝孩子的使唤"

相关视频，指出母亲面对孩子使唤的正确做法，以观点抢占用户心智，再在直播间强调母亲教导有方的重要性，充分调动母亲的购买需求，进而达成较高的销售转化。

（i 网红头条，部分删减　原作者：周威明）

第二节　个人品牌能给个人带来多少价值

个人品牌能给个人带来的价值，是终身受益的。

道理很简单，因为只有个人品牌会伴随你一生。只要个人品牌在正确的路线上，个人品牌就会越来越值钱。与此同时，个人品牌还是让别人认知并认可你最快的方式，毕竟在今天这个时代，每一个人都需要以极快的速度，被别人辨识。

因为，辨识，就是流量。

1. 短视频时代，让每个人有了成为 IP 的机会

并不是每一个阶段都有这样的好机会。

在微信、微博时代，诞生了例如罗辑思维、凯叔讲故事、PAPI 酱和李子柒等超级 IP。但这些 IP 的成就难度、成功数量，都没办法和今天短视频时代相比。

在短视频时代出现了邹小和、麻辣德子、猴哥说车和虎哥说车等非常多的千万级别的网红。相对于微信、微博时代，成为短视频网红显然需要的时间更短，获得的粉丝更多。

最好的时代，不抓住，那要等到什么时候呢？

◎ 普陀山小帅

"十一"假期，舟山普陀山迎来不少游客。"看山石林木、寺

塔崖刻，听晨钟暮鼓、涛声风吟，让我们一起开启静心之旅。"导游代帅带着百余名游客踏上当天的旅程，言简意赅的描述让不少游客对普陀山的"清净"心生向往。而此时，他的同事正举着手机云台，用镜头捕捉其精彩的解说画面，让更多人跟着代帅线上"云游"。

如今，"普陀山小帅"已成为一个名副其实的"网红"，其抖音粉丝量已经高达 935 万。

2020 年年初，新冠肺炎疫情来袭，很多导游转行，代帅也面临无团可带的困境。自媒体平台的崛起，让代帅看到传播方式的改变。"线上直播能同时带领成千上万人'云旅游'，通过短视频可以让全国各地的人看到普陀山的风景、听到普陀山的故事。"

一次"试水"，让代帅信心倍增。他的第一条抖音作品发布后获得了近 6000 个点赞，还有数百条网友留言，第二条作品反响也很好。"我觉得自己方向对了，要坚持做下去。"2020 年上半年，代帅每天往普陀山跑，他带着直播间的粉丝走过岛上的一个个景点。尽管当时的普陀山十分冷清，但他的直播间里却很热闹。"那时一场直播下来，同一时刻在线观看的人有两三千，累计观众总数达到 4 万人次左右。"

这种机会五年前能想到吗？这真的是时代的机会，是真正属于每一个普通人的机会。

2. 每个人的人生，就是最好的品牌

你的个人品牌，就是你最重要的个人资产。

个人品牌一旦打造出来，不仅很难被复制，而且一定会长期具备复利效应，能够持续地给个人带来"信任"的红利。

美国"现代营销学之父"菲利普·科特勒说："一个成功的人格形象是最好的公关。品牌人格化，看重的是人，产品即人品。"

个人品牌最大的资产价值就是长期保值并且复利，个人品牌影响力越大，流量就会越大，带来的商业机会就越多。

3. 个人品牌的巨大商业价值

进入 2021 年之后，线上零售又发生了非常多的变化，以短视频和直播带货为代表的零售方式，是这一次变化的主流。因此可以认为，进入短视频、直播时代之后，个人品牌的商业价值将会成倍增长。

霞湖世家是中山市霞湖世家服饰有限公司老板郭长棋的短视频账号。这个账号从 2020 年 5 月开始更新，目前已经发布了 197 个作品，主要发布的是白手起家的创业故事、从商经验、跟工厂员工的互动等内容。作为一位事业成功的企业家，霞湖世家的账号内容非常接地气，郭老板关心员工的形象深入人心，为后续开播卖货积攒了不少前期的人气和好感度。

2021 年 2 月 22 日开始，霞湖世家直播的销售额突然暴涨 10 倍，销售额直接突破百万量级。此前霞湖世家的日销售额一直在 4 万～10 万内徘徊，如今已经迎来销售额暴增期。

中山的服装企业多如牛毛，如果没有短视频和直播，估计郭老板还要做代工的生意，赚着为数不多的代工利润。但随着新时代的到来，郭老板的个人品牌建设给他带来了很大的帮助，不仅可以直接通过直播带货销售产品，而且还让霞湖世家工厂被更多的人认知、了解。

如果一个创业者或者企业家具有良好的个人品牌，他们的创业无疑更有优势，在未来，个人品牌可以在以下三个方面，展现出巨大的商业价值。

◎ **个人品牌可以让创业启动成本更低**

在抖音上实现轻创业的个人品牌比比皆是,无论是品牌号、剧情号、娱乐号、直播号和知识付费号,都有很多的成功案例。

品牌企业通过吸粉可以直接卖货,相对于原来传统零售的高昂渠道成本,这种商业模式的压力就小很多,省下来的钱可以投入去做产品研发,做更好的产品回馈消费者。

有一技之长的老师,打造好自己的个人品牌,录制课程放在短视频平台上,既提高了影响力,又可以直接销售,完全没有之前招生的烦恼。

◎ **个人品牌可以大幅提升企业的知名度**

今天,每一个企业老板都有机会把自己打造成为 IP,成为一个行业的 KOL,这会大幅度地提升企业在行业里的地位和知名度。从另外一个角度说,短视频和直播实际上是提供了一个新的改变行业排名的机会。

◎ **个人品牌可以连接更多资源**

普通人要想获得更多的优质资源,是一件很难的事情。但如果你有一个比较清晰的个人品牌,有了一定的传播能力,毫无疑问,你就会有机会连接更多有价值的人。虽然不能说有人就会有更多的资源,但连接了更多的人,你也确实获得了比普通人资源更多的可能性。

第三节 个人品牌是每个人最重要的资产

对于现在的创业者来说,可能没有很好的家庭背景,没有强大的资源能力,所以创业者一定要学会营销自己。个人品牌的底层逻辑是品牌逻辑,品牌本身就是营销学的内容,因此,学会做自己的个人品牌就是自我营销的一个重要方式。

个人品牌会让创业者在建立用户认知的时候更加清晰、具体、直接、高效、排他。有了这些，就能够收获更高的营销效率和商业结果。将这些工作坚持下去，就能够把自己的个人品牌做成一个营销品牌。

1. 从品牌的角度看个人品牌

一家企业，无论大小，它的最大资产，就是品牌。

可口可乐传奇总裁罗伯特·士普·伍德鲁夫曾说："假如可口可乐的所有工厂在一夜之间被大火全部烧毁，它都能在极短的时间起死回生。因为贷款会找到它，员工会等待它，消费者会继续信任它，供应商不会抛弃它，这就是品牌的力量。"

由此可见，即使一个企业因为某些原因暂时失去厂房、技术、员工等有形资产，只要拥有品牌，它就能东山再起。

同样地，对于个人来说，最大的资产，就是个人品牌。

对于每个人来说，拥有个人品牌，就是拥有一种能够更容易与周围的人产生连接、建立信任、带来溢价、产生增值、获得变现的无形资产。无论是在人生的哪个阶段，是高峰还是低谷，个人品牌，都不会因为个人的状态而贬值。

2. 从复利的角度看个人品牌

什么是复利？复利就是今天做的事情，对明天做的事情有帮助，明天做的事情对后天做的事情有帮助。看起来简单的事情，背后却蕴藏着无穷的力量。

"人生就像滚雪球，关键是要找到足够湿的雪和足够长的坡。"这是巴菲特曾经对复利思维的经典解读。爱因斯坦把复利思维誉为"世界第八大奇迹"，甚至还说过"世界上最强大的力量不是原子弹，而是复利 + 时间"。

财经作家吴晓波以非常惊人的毅力和魄力，坚持每年写一本书，如今通过长时间的积累，他所收获的已经不局限于财富了。不积跬步无以至千里，无论生活也好，工作也罢，只要你在做正确的事，运用复利思维产生滚雪球效应，就能够带来长期的、可持续的高回报。

建设自己的个人品牌无疑是复利的，今天比昨天多影响一个人，明天比今天多获得一个客户，都会让自己的个人品牌变得更好，而变得更好的个人品牌，又会给个人带来更多的资源和回报。

3. 建设个人品牌是长效工作

不知道在你身边有没有这样的人，可以在一段时间内坚持每天锻炼，但看不到效果就放弃了，然后感叹一声："唉，没什么用。"或许，你也属于这类人，眼睁睁看着别人做着同样的事情却远远甩出自己一大截，完全体会不到坚持所蕴含的力量。

并不是锻炼没用，而是因为你还没有到达那个"触发点"，荀子在《劝学》里曾经这样说："骐骥一跃，不能十步，驽马十驾，功在不舍。"骏马一跨跃，也不足十步远，劣马连走十天，它的成功在于一直在用功。因此，有能力坚持到"触发点"是很重要的事情。

坚持三天每天发短视频很容易，但难得的是坚持一个月天天发；获得一个两个粉丝，十个八个粉丝很容易，难得的是坚持到有 1000个粉丝；坚持一个星期每天开直播也很容易，但是很少人能够坚持一个月以上。

这就是差距。

没有谁，生下来的时候，就带着强大的 IP 光环。建立自己的个人品牌，一定是源于对时间的投入，一定是一种坚持的回报。坚持的时间越久，回报就会越丰厚。

第四节　到底哪些人可以做个人品牌

个人品牌是所有的人都能做的吗？

这个答案肯定是否定的，并不是所有的人都适合做个人品牌，也不是所有的项目都适合用个人品牌的方式去推广，这一节内容，我们详细讨论一下到底哪些人可以通过个人品牌的方式去创业，哪些项目可以通过个人品牌的方式来推广。

1. 产区 + 个人品牌

如果你的家乡是某种产品的特产产区，这是老天赏饭吃，个人品牌一定是你最好的创业方式。因为产区自带流量，你只需要做到让粉丝想起你们那个产品的时候，就能想起你。这时候，你的竞争对手也不会太多，只是你家乡的那一小撮人。你不需要做得很好，你只需要比你家乡的竞争对手做得好一点点，你就赢了。因为作为产区，货的优势你是有的，只需要把人的优势发挥好，就可以了。

2. 线下门店 + 个人品牌

"线下门店 + 个人品牌"的打法分为两步，第一步，确立一个清楚的定位。第二步，用短视频或者直播，让自己的覆盖范围变得更大更宽广。

先说第一步，清晰的定位。你需要向粉丝传递一个"清晰而又具体的"印象。比如，你是做餐饮的，你的个人品牌需要清晰地向粉丝表达"你到底哪里是不可替代的？"是口味？是原料？还是服务？一定给粉丝一个"为什么选择你"的充分的理由。

第二步，用短视频和直播把自己的覆盖范围变得更大。一个门店不需要超多粉丝，有个大几千的活跃粉丝，就能让你很滋润。我们一定要明白，抖音只是你个人品牌的放大器。口味、服务、产品这些事情才是基础，如果这些东西不行，你用这种办法做，也只能带来一时的繁荣，你的个人品牌一定也做不好。

3. 传统工厂 + 个人品牌

如果你有一个工厂，没品牌、没代理商、只有好产品。那么通过抖音个人品牌的方式，建立一个F2C的销售体系，是非常好的机会。

本书前文中曾经讲过霞湖世家的老板郭长棋，在他做了抖音之后，一下子就成了当地最有名的服装厂。我们要知道，中山是中国服装的重要产区和集散地，这里的工厂多如牛毛。而抖音，就让这个之前不知名的企业，一下子成为一线服装企业。

抖音给"霞湖世家"带来了什么？除了每天几万单的销量之外，还成功地让它跻身一线服装企业，抖音的巨大传播能力，给它带来了多少代工的订单？这个很难想象，但一定非常多。

4. 专业 + 个人品牌

知识付费这个赛道的个人品牌应该怎么做呢？

知识付费有三个关键点，分别是赛道选择，知识产品转化，日常内容营销。

选择一个相对精准的赛道，不要选择得太宽泛。因为赛道越精准，你的粉丝的问题就越精准，你就越有可能成为粉丝解决这个问题的首选，你也会因此收获更高的客单价。

把你的知识变成知识产品，这是最难的，难倒了90%的知识主播。想当好一个知识类IP，就一定要把自己的知识做一次系统的梳理，让它成为一个系统的方法论，然后再做出来例如书籍、课程、服务等相关产品。

最后一点就是短视频、直播的推广，在你的内容里不断强化你对这个行业的理解，让自己最终成为行业第一人。

5. 连锁加盟 + 个人品牌

如何通过个人品牌的方式做连锁加盟呢？

项目本身要具备可复制加盟的基因，这是最核心的。具体来说就是项目本身不能有什么缺陷，比如品牌的底层逻辑要稳定，产品供应链的水平要到位。

连锁加盟的关键在于，你的 IP 能不能成为这个行业或者品类的代表。这应该是每一个做个人品牌的创业者都应该去考虑的问题，也是你的个人品牌定位的核心关键点。

如果你不能成为行业的代表，那么你的可信度就会大打折扣。记住，用项目和 IP，去占领你所在的这个行业。

前两点如果能做好，接下来就是短视频和直播的推广。这是抖音最大的蓝海市场，如果你的项目合适，抓紧干吧。

6. 普通人 + 个人品牌

有人说，如果以上这五条，我都不具备，那我应该怎么办？我能不能做个人品牌？

当然能，但有一个前提条件，就是你必须要更聪明一点。

记住，抖音本身就是一个放大器。而普通人是没有任何放大的价值的。因为你自己本身就没有什么竞争力，所以不要再琢磨着怎么去"演"一个个人品牌。这种办法到最后只能是自食其果。

这种情况下，你应该学会聪明地找到一个组织，或者一个体系，你自己不值得放大，但以一个优秀的组织加上你，你就可以值得放大了。比如说，如果你想做酒，你可不可以去茅台镇找一款好的产品，然后在你们县城打造一个酱香酒的个人品牌？如果你想做知识主播，而自己又做不了课程，内容。能不能加入一个老师的体系，然后再做自己的个人品牌？这些都是很聪明的做法。

自己能力不够的时候，一定要多想想"优秀的能力"在什么地方，你能不能想办法借到他们的优秀能力，如果这一点你想清楚了，那你肯定可以少走很多的弯路。

第五节 F2IP2C，深度分销新时代

上一节我们讨论了到底哪些人可以做个人品牌，这一节我们把视线暂时离开个人创业，我们来讨论一下，在传统企业抖音转型中，个人品牌能够发挥什么作用。

先说一下结论，如果你的产品有一定的壁垒，并且适合个人去销售，那么抖音一定会给你带来惊喜，你的 F2IP2C，一定会成为抖音上最好的商业项目。

1. 传统企业抖音转型面临的问题

现在是不是传统企业转型做抖音的最佳时机？

当然是，但这不意味着每一个传统企业的转型都能够取得成功。我们能够看到的大概率事件是绝大部分传统企业的转型，都很难取得成功，那么，问题到底出在哪里？

◎ 传统企业对抖音平台的认知有问题

传统企业真的了解清楚抖音平台的本质了吗？

这个问题的答案，大概是否定的，大多数传统企业其实并没有真正地意识到抖音平台的价值，只是觉得抖音是一个流量平台，而且流量充沛，仅此而已。相当一部分传统企业对抖音平台的内容属性、传播属性、社交属性的认知完全不到位。

有流量就可以卖货吗？当然不是，每一个平台的流量都有它的属性，如果传统企业对平台流量属性认知不到位的话，那大概是做不成什么事情的。抖音平台的内容属性决定了传统企业必须要学会如何做内容，传播属性决定了传统企业要学会如何让自己的内容更好地传播，而社交属性则决定了传统企业的老板最好有能力去做一个自己的个人品牌。

毫不夸张地说，对于原来只会生产和销售的绝大部分传统企业来说，这都是知识盲区。思考几个问题，传统企业应该在抖音上卖什么产品？这些产品的销售方式应该是什么？如何能够让这些产品的销售更高效？

◎ **直播带货是救命稻草吗？**

很多传统企业想到抖音的第一反应，就是直播带货。觉得直播带货有非常大的销量，都会非常积极地去和网红对接，期望着能够在直播带货这个领域让自己的销量大大提升。

抖音就真的只是直播带货吗？或者说，传统企业真的懂直播带货到底是怎么回事吗？

传统企业一定要明白，网红带货的目标和传统企业的目标是不一样的，网红希望传统企业给的价格越便宜越好，因为他们的目标是服务粉丝，赚到佣金。因此，网红都会在价格、佣金上给传统企业施加巨大的压力。而传统企业需要的是扩大市场宣传，但这里边有一个核心问题，就是一旦让消费者了解企业能够接受产品更低的卖出价格，那谁还会去正价购买你的产品呢？

◎ **直播电商的本质是什么？**

直播电商到底给传统企业带来了什么？目前来看，除了无休止的价格战，越来越低的毛利率，其他的什么也没有看到。

为什么会造成这么一个结果，道理也很简单，因为直播电商从根本上来讲，它就是促销的一种形式，直播电商需要在固定的时间、固定的空间（直播间）完成尽可能多的销量。这本质上和传统企业在商超里边买了一个促销的位置，没有什么本质的区别。

如果想要把产品卖到更好的价格，传统企业到底应该怎么办？

2. 传统企业的线上深度分销构建（F2IP2C 模式）

应该如何才能在抖音上把产品的价格卖得更高？

如果想要把产品的价格卖得更高，靠的肯定不是直播电商。直播电商是根本不可能保护价格的。

想要回答这样一个问题，我们就必须找到另外一个问题的答案，那些贵的产品，附加值高的产品，是靠什么卖出去的？

答案很简单，要么靠品牌，要么靠人。也就是说，要么自己的品牌力强大，能够直接给产品带来高溢价，要么就是零售团队能力强大，能够说服用户购买高附加值产品。

靠品牌这个方式对于绝大多数传统企业来说，是不现实的，因为绝大多数传统企业的品牌力本来就很薄弱。

那么剩下的路子就只有一个了，靠人。在传统零售领域，靠人把高价格产品卖出去的例子比比皆是。为什么很多化妆品企业、奶粉企业、酒水企业在商超里都有导购员？导购员有一个重要的作用，就是尽可能地让消费者选择高利润的产品。

我们做抖音，能不能借鉴这个思路？

◎ 什么是线上深度分销？（F2IP2C 模式）

传统企业做电商，流量是绕不过去的话题，那么，流量到底在哪里？流量一定都是在抖音平台上吗？

这个答案是肯定的，但我们想要获取这些流量，就一定是要通过平台购买吗？这个或许不一定。我们一定要清楚地知道，无论平台怎么分发流量，所有的流量肯定都在全国 2844 个县级行政单位（包括市辖区、县级市、县等行政单位）里。

能不能找人，通过抖音，在这些地方帮你卖你的高附加值，高价格的产品？当然能，但这件事情应该怎么去做呢？

我们要知道，高附加值和高客单价的东西是如何卖出去的？这里边有一个非常重要的因素，是"信任"。而信任是怎么建立的呢？大概来说，大商场里的专柜建立"信任"，某一个人对某些领域非常专业，也会建立信任。我们举个例子，如果你的某一个朋友，对"护肤"这个领域非常懂，你会不会找她买化妆品？

因此，如果能够在全国2844个县级行政单位里，建设2844个对某一个领域非常专业的抖音个人IP形象，是不是对卖高附加值、高客单价的产品非常有帮助？

而传统企业，是不是也就此建设了一个全国的销售网络？这就是一个全新的商业模式F2IP2C，也可以把它叫作"线上深度分销"。

◎ **什么样的产品能够做线上深度分销？**

线上深度分销模式是所有的产品都能做吗？能不能找个人在当地帮我去卖餐巾纸，卖玻璃杯？

当然不能，前文已经说过了，线上深度分销是专门帮助传统企业解决"高附加值"产品销售问题的商业模式，因为"高附加值"的产品销售严重依赖"人"的作用。因此，产品附加值过低或者根本没有附加值的产品，是没有办法做线上深度分销模式的。

那么，评判的标准到底是什么？

你是否有过这种经历，当你到一个陌生的地方出差，晚上想去找个KTV唱歌，那你会不会想去找个人咨询一下哪个店更好呢？你首先想到的是谁？是不是当地的探店达人？为什么呢？因为他专业，这就是他的IP所呈现出来的价值和意义。

卖产品的道理也是一样的，在一个县域里，哪些专业IP有意义，与之对应的产品都可以通过这种方式来销售。举个例子，一个专业的护肤IP会帮助更多人选择更合适的化妆品；一个专业的茶叶IP会帮助更多人买到高性价比的茶叶；一个专业的酒IP会帮助更多人买到口味醇正、产地直发的酱香酒；一个专业育儿的 IP 会帮助更多人买到合适的孕婴童产品。

这些都是非常有意义的事情，也是县域 IP 存在的价值。

3. 线上深度分销（F2IP2C 模式）有什么优势？

相对于全网竞争的中心化流量商业，线上深度分销的模式，都有哪些优势呢？

◎ **让高附加值产品可以做抖音**

最直接的结果，就是让高附加值的产品，也可以通过抖音的方式进行销售。其实，更直白一点地讲，这种方式并没有把抖音当作流量工具，抖音更多的是被当作传播工具的形式来存在。

◎ **让营销实现结构化，更容易做大做强**

线上深度分销模式直接实现了线上流量的结构化，让所有的流量都能够按照区域管理起来。传统企业再也不需要去线上竞争流量，因为所有的流量都在你的管理框架里。

这是这种模式被称为"线上深度分销"的主要原因。对于传统企业来说，只有有结构的营销模式才是稳定的、更容易做大做强的营销模式。

◎ **营销成本一次性投入，长期收益**

无论是做电商还是做抖音直播带货，都会面临"流量采买"的大难题，总会有些企业在采买流量的时候不惜成本，这种竞争方式的结果一定是"劣币驱逐良币"，最后把产品成本压缩到不能再压缩。

而针对某一县区的 IP 建设不是这样的逻辑，IP 只需要一次性打造成本就可以启动，我们只需要通过投放的方式，让当地的人知道我们已经进入这个市场，5000 块钱的 DOU+ 就可以把当地炸个底朝天。

认知建立之后，基本上就不再需要传播成本了，因此我们就可以把更多的钱花在产品打造上，让更多的人获得更好的产品体验。

4. 线上深度分销（F2IP2C 模式）应该怎么做？

线上深度分销的作业模式是什么样的？

很简单，有一个 30 ~ 50 平方米的场地，搭建一个直播间，有一个接待室，工作就可以开展了。

对于每一个县域的 IP 来说，都是通过短视频和直播的方式来获取客户，并且通过私域运营或者线下交流的方式，完成交易。

对于传统企业来说，建设线上深度分销体系，有三个核心关键点。

◎ **产品**

不要认为模式理解清楚了，就可以开始干了。

不是这样的，很多传统企业在做抖音转型的时候最大的问题就是把自己传统渠道、电商渠道的产品直接拿过来卖，这是非常严重的错误。因为线上深度分销模式依然还是依赖抖音作为流量平台，老产品大概不符合抖音平台特征的要求。

抖音平台对产品有什么要求呢？

抖音是一个传播平台，而且用户对每一个短视频的耐心只有 2 ~ 3 秒，如果产品设计不吸引眼球，那依然不会动销。所以，设计一个符合抖音平台的高颜值产品非常重要。

◎ **教育**

如何能够让 2844 个人，通过抖音个人 IP 的方式卖产品？

答案是教育，作为传统企业，必须有非常完整的教育体系来支撑这套模式的运营。例如，必须有能力教会每一个县域 IP 如何使用抖音工具，如何拍摄短视频，如何直播。甚至如果有必要，还必须给他们把直播话术、脚本都准备好。

◎ 监督

监督同样是非常重要的事情。

没有好的过程管理，一定不会有好的营销结果。

每一个县域 IP 都是企业在当地的代理商，管理好代理商的日常营销过程非常重要。例如，一定要管理到每一个代理商每天发布几条短视频，每一个短视频有什么数据反馈。每个代理商一天直播多长时间，每一场直播场观多少，用户停留多久，新增了多少意向客户。

只有把这些细节做好，才能真正地实现营销突破，顺利完成转型。

第四章

什么样的个人品牌最赚钱

第一节　做一个有清晰商业链路的个人品牌

既然已经知道个人品牌有巨大的商业价值，那么，在具体的商业操作中，创业者应该如何规划一个合理的商业链路，让自己的个人品牌实现商业价值呢？

毕竟商业价值不是一句空话，它需要非常完整的实现链路，才能真正成就个人品牌的商业梦想。

"老话说，西方有奶酪，东方有腐乳……"如果你曾在深夜刷到过这样一条抖音视频，那你一定对这个满嘴四川口音、名为邹小和的传统美食匠人并不陌生。

作为四川省乐山市级非遗项目"夹江豆腐乳"的第六代传承人，今年35岁的邹小和从2019年6月开始，通过短视频及直播带货的形式，摸索拓展非遗产品的销售渠道。短短一年时间，粉丝已累计近1600万人。面对短视频和直播的风口，新一代非遗传承人如何在坚守理念的同时传播技艺，邹小和正在一步步探寻方向。

"夹江豆腐乳"由邹三和于1859年酿造，该产品精选上等黄豆，磨细、过滤、包点成块，晾干发酵后，加入多种中药材和特制的香料，拌和入坛，灌满优质曲酒浸泡，密封发酵，豆腐乳质地绵软，细腻化渣，深受川渝地区群众青睐。

到了2020年，抱着"做一种味道，守一种精神"的初心，邹小和开始投身做短视频与直播，决心通过目前最流行的推广形式，将民间传统美食和老一辈的手艺带入年轻人的生活中，让更多的人了解传统、了解非遗。高质量视频带来一定的粉丝基础后，邹小和也架起了手机与聚光灯，开始尝试直播带货。6月1日晚8点，在抖音"匠在直播"中，邹小和现场搭起炉灶，与观众分享四川民俗美食"冷吃鸡尖"的传统做法。短短几个小时，直播间就涌入近4000名观众下单购买相关传统美食。

从"夹江豆腐乳"的第六代传承人到现在坐拥1112万粉丝的大网红，一个普通的四川青年走过的个人品牌商业化的道路，是非常值得创业者研究学习的。

在邹小和的案例中，可以发现，想做一个有商业价值的个人品牌，需要有几个关键条件。

第一，独一无二的定位。

邹小和的定位是"夹江豆腐乳"第六代传承人，具备很强的辨识度和记忆点。或许很多人会说，我没有这么好的定位。但事实上，夹江豆腐乳仅仅是一个市级的非遗项目，全国地级市的非遗多如牛毛，但能像邹小和这样用好这个资源的人却凤毛麟角。

因此，任何人都能找到自己的闪光点，但能不能用好这个闪光点，那就要看水平了。

第二，独特的产品。

打开邹小和的抖音小店，会发现脱骨鸡爪、夹江豆腐乳、爽口萝卜干、香辣红油和川味腊香肠等产品都有很好的销量。邹小和所售卖的所有产品，几乎全部是自营产品，这就是说，自有产品才是延续个人品牌的最有力武器。

第三，优秀的内容。

不得不说，邹小和的整个内容策划和拍摄水平是非常好的。优秀的内容不仅可以直接带货，而且还能让个人品牌更加稳定。

短视频、直播时代之后，内容将成为获取流量的核心关键点，也是新时代对创业者提出的更高的要求。

第四，直播互动。

邹小和的直播互动每天坚持十几个小时以上，是非常典型的"企业自播"案例。毫无疑问，直播将成为未来创业者商业变现的首选通道，不仅仅是邹小和，霞湖世家每天通过直播间能够销售 2 万 ~ 4 万单产品，每天销售额都可以做到 100 万 ~ 200 万元，这无疑是非常高效的商业模式。

第五，全平台销售店铺的覆盖。

要想做产品销售，不仅要在短视频端有店铺承接，包括淘宝、京东等平台都要布局相应的店铺。这些店铺起的作用是，让用户在对你的产品有需求的时候，能够第一时间找到你。只有这样，才不会流失任何一点流量。

通过对邹小和商业模式的分析，可以得到一个这样的模型。

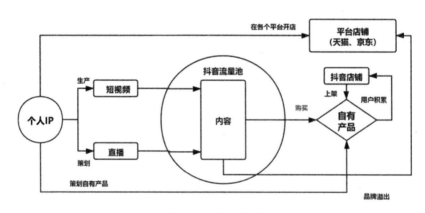

个人品牌商业模型

在这个模型中可以看到，个人品牌在整个商业价值链条中起到了决定性的作用。个人品牌决定了内容生产，决定了产品开发，决定了店铺的风格，是所有营销工作的发起点。因此，只有做好个人品牌才能让后续的变现工作更加顺畅。

除此之外，要想做好一个有价值的个人品牌商业呈现，产品、内容、直播、店铺，都需在各自的位置发挥着关键的作用。个人品牌绝对不是拍拍视频、搞搞直播、弄点流量这么简单。想做好个人品牌，先把个人品牌商业模型图印在心里。

第二节　个人品牌必须有强有力的产品支撑

很多人在做个人品牌的时候，都有这样的观点，"只要我的个人品牌做得好，我卖什么东西都一样"。这种概念是完全错误的。

企业为什么做品牌？我们为什么做个人品牌？

企业之所以做品牌，目的只有一个，就是让产品卖得更好。没有一家企业会只关注品牌传播而不关注产品销售。也没有一家企业会整天把产品换来换去。

什么样的 IP 必须坚持卖一种产品？什么样的 IP 可以什么产品都卖？

1. 个人品牌的重要作用是建立信任以及向产品的信任让渡

来做一个设想，如果你的产品能够在电商平台、短视频平台卖得很好，销量很大，附加值还很高，我们还需要做个人品牌吗？

这个问题很容易得到答案。如果产品卖得很好，恐怕没有人会去做个人品牌。花西子、海洋之风、钟薛高这些网红品牌没有一个是做个人品牌的。中国消费品市场这么大，真正以个人品牌做大的企业大概只有李子柒一家。这也能从一定层面上证明个人品牌其实不是一个大规模的生意模式，它实际上是更适合中小企业、个人创业去尝试的一种方式。

创业者之所以做个人品牌，很大一部分原因是创业者没有能力直接去创造一个卖得很好的产品品牌。或者说，对绝大多数的中小企业创业者、个体创业者来说，有一个好的个人品牌，会让产品销售变得更容易。

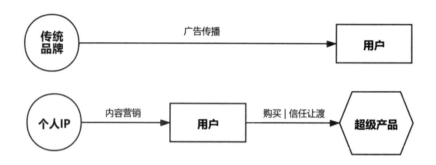

产品建立信任、个人品牌建立信任对比图

再举两个例子，来说明一下这件事情的重要性。

第一，很多娱乐号的视频拍得非常好，粉丝非常多。但只要一带货，直播间里马上就没人。道理很简单，因为粉丝对主播的关注仅仅停留在娱乐层面，这种关注是没法转化成为粉丝对产品的信任。所以大家只愿意看你的视频，并不愿意购买你销售的产品。

第二，很多明星带货的销量比不过带货主播。这也能说明一个问题，大家对明星的信任，没办法让渡到产品上，还不如原本人设就是带货的网红主播。

2. 什么叫作强有力的产品支撑

个人品牌的另一个重要作用是实现从"IP主体"到"产品"的信任让渡，那么，创业者应该用什么眼光来看待产品，才能叫作实现强有力的产品支撑？

以目前的行业发展情况来看，实现强有力的产品支撑，分为两种情况：一种是"大而全的供应链能力"；另一种是自有"产品开发能力"。两者有着本质的区别，并且对个人品牌的要求有非常大的差别。

◎ **大而全的供应链能力**

当我们的 IP 设定在娱乐号、好物推荐号、剧情号、直播号等范围的时候，我们是要通过直播带货的方式进行商业变现的，这时候需要的是性价比高、大而全的供应链去做支撑。

大而全、通用爆品、物美价廉的供应链，是每一个带货主播都想要的资源。但问题在于，这种供应链是比较稀缺的，而且随着竞争越来越激烈，利润也会越来越低。如果没有超级的体量，很难有好的利润回报。

特别说明一下，即便是有大而全、性价比高的供应链做支撑，同样也需要从个人品牌向产品的这种"信任让渡"。如果这种"信任让渡"无法建立，也就意味着用户没有足够选择我们的理由。

这也就很好地解释了为什么罗永浩能够上量，因为"交个朋友"直播间本身就是一个"天天促销"的直播平台，罗永浩在抖音建立的是一个好物推荐官的形象，从"特卖场"到"特卖商品"，这种"信任让渡"就建立得非常好。

◎ **产品研发能力**

具备自有产品研发能力的 IP，在未来会获得更多的机会，因为无论怎么样，自有产品都是有壁垒的，这种壁垒能够让创业者最起码有机会向用户解释我们为什么好，有什么不一样。

建议抖音创业者，尽量去想办法做一个自己的产品。除了能够建立足够的商业壁垒之外，还能够让你的个人品牌变得越发的清晰。个人品牌越清晰，就会带来越多的用户积累。

邹小和所有的产品都是自有产品，通过自己的抖音小店、淘宝店等平台对外销售。而邹小和本人只需要做好自己的个人品牌，不断地强化内容输出，让内容带动产品销售，在不断的客户积累中，让自己的 IP 越来越好。

3. 让个人品牌和产品相互支撑

可以这样说，个人品牌和产品之间最好的状态，就是两者产生相互支撑的效果。个人品牌生产内容，针对目标用户进行营销，用户对个人品牌产生信任之后，继而对产品产生"信任让渡"完成购买。用户在体验完产品之后，卓越的产品体验，又让用户对个人品牌产生更强的信赖。

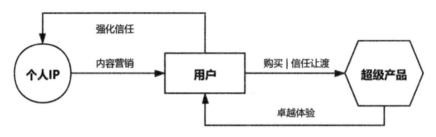

个人品牌与产品交互关系模型

这个交互模型对产品是有一定的要求的，产品不一定非常便宜，但一定要有特点、有特色，让人爱不释手、过目不忘。

第三节　个人品牌的变现公式

有了前边的这些基本认知，我们这一节来重点讨论一下个人品牌的变现公式。每一个人做个人品牌都是为了最后的商业变现，因此，只有设计好变现逻辑，个人品牌才能贡献它的商业价值。

1. 个人品牌的变现公式

个人品牌变现 =（IP 定位 + 超级爆品 ）× 精准流量

理解这个公式，就理解在抖音时代能够变现的核心逻辑，个人品牌的变现有三个核心要素：IP 定位、超级爆品和精准流量。

◎ IP 定位

清晰的 IP 定位是个人品牌在抖音上能够成功的关键因素，清晰的定位不仅能够让用户迅速对创业者建立认知，还能够迅速地将这种认知建立的信任，让渡到产品之上，使创业者的产品销售更加高效。

◎ 超级爆品

与每一个个人品牌相匹配的，一定是一个超级爆品。只有超级爆品才能承载个人品牌的巨大流量。

超级爆品可以是一个产品，也可以是一种服务。但无论如何，都要用"产品思维"进行详细打磨。

◎ 精准流量

流量不在多，精准就行。精准的流量会让商业效率成倍增长。短视频平台上获取流量的方式主要靠基于内容的精准投放，本书会在后续的内容中，详细地给大家介绍关于投放的相关知识点。

2. 个人品牌的变现公式中各个要素之间的关系

这里重点说一下，为什么在个人品牌的变现公式中，各个要素会呈现**个人品牌变现 =（IP 定位 + 超级爆品 ）× 精准流量**，这么一个组合关系。

个人品牌定位和超级爆品一定是相辅相成的，我们可以把这两个要素看作一个整体。有了精准的个人品牌定位，没有好的产品承接，流量就没办法变现。优秀的产品没有个人品牌做前端推广，流量就会变得非常昂贵。

一旦个人品牌定位和超级爆品能够起到相辅相成的作用，精准流量就可以起到放大器的作用，让整个商业模式更具规模。

第五章

打造属于自己的个人品牌

第一节　找到自己的清晰定位

一个人最难的事情，就是找到自己的清晰定位。

在今天的短视频、直播时代，再小的个体也有机会成为一个品牌。但令人遗憾的是，大家看到的终究是一个一个的个体，绝大多数人和他们的 IP 并没有成为品牌。

那创业者应该如何确定自己个人品牌的战略目标和方向呢？

1. 必须饱含热情地看到自我定位

为什么要去找自己的个人定位？

道理很简单，是为了让未来要走的路更清楚、更明确。因此，对自己未来的定位一定要建立在自己的热情和兴趣之上。

2005 年 2 月的情人节前不久，乔恩·佩森（Jon Payson）和内奥米·乔瑟夫（Naomi Josepher）这对夫妇开了一家店——巧克力工坊，从此展开了一段新的事业旅程。他们从曼哈顿的上东区搬到布鲁克林的公园坡，发现公园坡没有一家巧克力咖啡馆，并认定这个市场可能存在一个机会。

佩森和乔瑟夫对于巧克力制作都不是很有经验，但他们吃巧克力的经验倒是相当丰富。而且，随着这对夫妇越深入研究巧克力，他们就越热衷于此。经年累月下来，他们越来越想实现这个心愿——制作出纽约市最棒的巧克力蛋糕。这个愿望后来强到无法动摇。

乔瑟夫说："这一切其实开始于我们打算吃遍纽约市每一种巧克力蛋糕的想法。我们先从较偏僻的甜点店开始，接着吃遍上西区的餐厅，最后在下东区尝试开我们自己的店。"在那个过程中，他们试图找出最顶尖的巧克力蛋糕，"但这很难。我们找不到一个尝起来完全符合要求的'梦幻'巧克力蛋糕。"

于是，他们决定自己动手制作那个梦寐以求的蛋糕。为了做出理想中的梦幻蛋糕，他们进行过很多次烹调实验，却怎样都做不出他们寻觅的味道。巧克力不是太苦就是太甜，要不就是蛋糕太干。两层巧克力跟三层巧克力有什么差别？糖霜的色调又有多重要？糖的比例应该是多少？他们花了几乎一整年，才搞定巧克力的质地和有点甜又不会太甜的味道。佩森说："它必须能从叉子上滑落下来，而且要能带给人一种说不出的愉悦感。"

"一种说不出的愉悦感"，就是对"热情"的最好诠释。

想要到达成功的彼岸，让自己成为一个出色的个人品牌，其实并不容易，你一定会在这个过程中遇到这样或者那样的问题，这个时候如果"热情"不够，实际上是很难坚持的。

知道自己想要去做什么事情，然后饱含热情地去坚持。

2. 重度垂直的 10000 小时法则

我们身边一定有这样的人，他（她）好像对什么都了解一点，但好像又对什么都不甚精通。他（她）们似乎"上知天文下知地理"，别人问到什么、聊到什么，都能够插上一两句嘴。但是实际中，他（她）似乎并未取得什么令人信服的成绩，或者直接点说就是"一事无成"。

《大时代》里叶师傅对方展博说："人想要取得非凡的成就，必须找到自己的战场。"所以，对于想要打造自己个人品牌的创业者来说，"重度垂直"是一件非常重要的事情。"重度垂直"领域，就是自己的非凡战场。

作家格拉德威尔在《异类》一书中指出的定律："人们眼中的天才之所以卓越非凡，并非天资超人一等，而是付出了持续不断的努力。一万小时的锤炼是任何人从平凡变成世界级大师的必要条件。"

他将此称为"一万小时定律"。

当然,10000小时只是约数,"重度垂直的10000小时法则"告诉我们的道理是,要想真的在某些领域做出突出性成绩,并且到达能够打造个人品牌的水平,长时间坚持不懈地努力,是非常关键的。

写出《明朝那些事儿》的作者当年明月,5岁时开始看历史,《上下五千年》他11岁之前读了7遍,11岁后开始看《二十四史》《资治通鉴》,然后是《明实录》《清实录》《明史纪事本末》《明通鉴》《明会典》《纲目三编》。他陆陆续续看了15年,大概总共看了6000多万字的史料,每天都要学习两小时。把这几个时间数字相乘,15年乘2小时再乘360天,等于10800小时。

3. 找到自己的增长飞轮

什么是增长飞轮?增长飞轮简单理解起来就是你一定要在你的"重度垂直"领域,找到2~3个"核心变量",这些"核心变量"都有一个作用,就是"核心变量"变得越大,你获得的成功就越大。

找到这些"核心变量",并且在这些"核心变量"上进行饱和式的努力,你一定会取得你想要的成功。

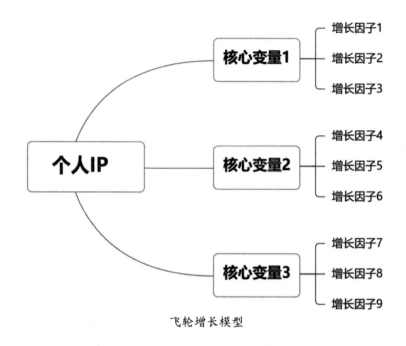

飞轮增长模型

简单来说，就是要找到自己个人品牌的三个核心变量，做哪三件事情能让自己的个人品牌变得更好。

举个例子，如果你是一个在果园里种樱桃的果农，你的核心变量是什么呢？一般来说，农场这种项目有两个核心变量，产品品质和用户评价（声誉）。那你又能找到哪些增长因子去推动这两个变量快速增长呢？

第二节　用个人品牌定位去占领用户心智

个人品牌有两个重要的作用：第一个是让用户迅速地对创业者建立认知，即占领用户心智；第二个是能够实现信任快速地从"个人品牌"让渡到"产品"。在本节内容中，重点讨论如何用个人品牌快速地占领用户心智。

为什么要重点研究"占领心智"？因为心智占领是我们祖先在进化的过程中，逐渐形成的本能。

心智有这样几个特点：心智容量有限，心智厌恶混乱，心智分类储存，心智喜爱不同。

想象一下，当一个原始人进入森林，他需要记住哪些瓜果是可以吃的，哪些是有毒的。

他会发现，有如此多的植物需要记忆、辨别，头脑几乎不够用（心智容量有限）。他会依据功能分类，某些动物是可以圈养的，某些动物是可以动手杀掉的，某些是要躲避逃跑的，植物也是如此，有些植物可以吃，有些不能吃（心智分类储存）。

他会厌恶一些没见过的动物或植物，因为有可能是危险的（心智厌恶混乱）。但是面对新事物，他也要努力去了解，因为可能会是新的生存机会，比如尝试吃西红柿和螃蟹（心智喜爱不同）。

关于心智的理论，是人类的本能。创业者必须清晰地向用户传递精准的、能够排他的占领心智的内容，才能准确地在目标群体中，建立个人品牌认知。这就叫作占领用户心智。

占领用户心智会让我们得到什么好处呢？

随便找一个人做一个简单的 10 秒钟测试，尝试着说出 10 个方便面品牌的名称。测试结果会告诉我们，普通人随口而出的只有 2 ~ 3 个品牌，再往后的品牌就要花时间想。这也就是说，在一个品类中，普通人能够记住的只有 2 ~ 3 个品牌。

心智是消费者大脑中，用于盛放"品牌"的小格子。

想到空调，第一反应是美的、格力这些品牌。想到牛奶，第一反应是蒙牛、伊利。我们每想到一个品类，都会有一个相应的小格子，占领这个小格子，就是占领心智。

在同一品类中，消费者能记住的品牌平均只有三个。因此，在市场营销中，消费者心智是需要企业去抢占的。占领用户心智之后，用户有需求的时候，自然会第一时间想到自家的品牌，还有什么事情比这个更重要呢？

这个测试能给大家什么启发呢？

如果你没有办法成为消费者在这个领域的首选，那么你流量再大也没用。剧情号、网红主播的流量足够大吧，但为什么带货不行？因为他不是消费者购买产品的首选，并没有在这个领域占领用户心智。

因此，我们要做的事情只有一个，就是能够让用户在对某类产品有需求的时候，第一时间想到我们。

围绕着这一个目标，有一件事情是非常明确的。

创业者必须精准地向用户传递，自己在某一个方面非常专业的清楚信息，并且让你成为用户在这个领域的首选，这才是个人品牌的价值。

2018 年 12 月 25 日，李叔凡在律师事务所同事的建议下，发布了第一条抖音视频，内容是关于"遗产如何不被恶意继承"。当时他没准备太多，随意出了下镜，将法律内容总结成顺口溜讲了出来。

好在曾经在当地电视台做过 3 年的法律节目主持人，李叔凡的镜头感不错，意外收获了一些关注，抖音号"李叔凡律师"一周涨了 3 万粉。

自此，李叔凡开始不时地在抖音上分享新的司法解释和法律案例。不过，很长一段时间内，他并非有意识地运营账号，直到 2020 年 5 月才完成账号律师身份认证，和团队认真研究起短视频运营。

平台对法律类赛道的扶持，也为"李叔凡律师"的流量爆发创

造了条件。

从李叔凡的案例中可以看到，他从 2018 年就开始在抖音上分享法律知识。李叔凡也算是在抖音上分享法律知识最早的一批律师。"早"，也是建立认知的重要办法之一，成为"最早"或者成为"第一"是建立认知的有效办法。

当然，在现在的抖音环境下再用李叔凡律师早期的方式估计也很难成功，我们可能还需要想办法切割更细分的领域。

在这里还有一个问题值得大家思考，同样 2018 年开始做抖音的律师也有很多，为什么会是李叔凡律师成功了呢？这个答案就在于李叔凡做过 3 年的普法节目的主持人，他有很好的镜头感，这也是在抖音上做成 IP 非常重要的基础条件。

所以，你的任何一点努力，都不会被浪费。

回归正题，未来，创业者所有的工作，都得为了建立认知这个目标而努力。

今天抖音平台上能称为 IP 的人寥寥无几，绝大多数人只能算是流量经济下的达人或网红而已。2021 年以后，IP 经济将给普通人带来巨大的机会。

第三节　打造个人品牌，建立认知

个人品牌的重要作用就是建立认知，那么围绕着建立认知这个目标，创业者应该用哪些动作去完成自己个人品牌的打造呢？

1. 精准定位，让定位成为个人品牌的风向标

我们常说，定位定天下，定位就是个人品牌的风向标。它将决

定你 IP 的整体呈现风格、视觉风格、内容方向和传播人群。

很多人想打造自己的个人品牌，但绝大多数人都在定位上觉得束手无策，要么就是无从下手，要么就是随便尝试。这些方式都没有办法成功。定位是一套非常严谨的理论体系，按照方法论做出来的定位，一定会让营销工作更有效率。

定位要从一个产品开始。那产品可能是一种商品、一项服务、一个机构，甚至是一个人，也许就是你自己。但是，定位不是你对产品要做的事，定位是你对预期客户要做的事。换句话说，你要在预期客户的头脑里给产品定位，确保产品在预期客户头脑里占据一个真正有价值的地位。

在定位理论中，可以清楚地看到，我们可以定位一个产品、一项服务，也可以定位一个人。定位一个人，就是本书所讨论的定位个人品牌。但重要的是，定位并不是"你对产品要做的事"，而是"你对预期客户要做的事"。

换句话说，做个人品牌，并不是定位你在某一个领域有多么专业，而是要定位你能给用户带来什么价值。

我们要在预期用户的大脑里完成一个定位，就是你的个人品牌在他的脑子里有什么价值。

本书把定位个人品牌分成三个步骤。

第一步，定义自己的定位区间

一定找一个你能拿得出手的方向，不要去学习别人的方向。

所有的人都适合做主播吗？

自从抖音、快手开始火了之后，似乎已经进入全民都要当主播的时代。坦白地说，流量的红利就只有那么一会儿，红利期过了之后绝大多数人都是当不了主播的。我们拿知识主播举例，红利期的知识主播其实很好当，你差不多学一学别人的东西贩卖一下就可以。但红利期之后，随着知识主播的竞争越发激烈，你没有十年八年的硬功夫，能持续地输出什么价值？

什么人能当知识主播？肚子里有墨水，嘴巴上有功夫，行动上有效率，工作上有时间。这是知识直播的最基本模型，在刚开始做知识主播的时候，你最起码要满足三个条件。但很多人是只具备一个条件，就开始做知识主播，怎么可能会成功呢？

所以，认清自己很重要。

简单来说，热情、能力和时间是决定定位能否成功的三个核心要素。

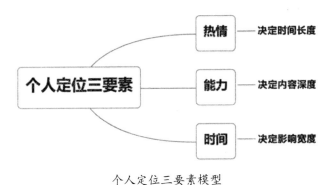

个人定位三要素模型

在这三个要素里，热情决定时间长度，能力决定内容深度，而时间，则决定影响的宽度。只有这三个要素同时都具备，创业者才具备打造个人品牌的可能性。

第二步，定义自己的差异化

个人品牌差异化打造最重要的事情，只有两点，要么"唯一"，要么"第一"，这两点都是打造差异化很重要的方式。让别人觉得我们与众不同，有特色，才能第一时间记住我们，这样我们变得有名气的概率就大了很多。

记住一句话，成为第一胜过做得更好。

领先法则

很多人都希望推出比竞争对手更好的产品来抢占市场，对于个人品牌也一样，总是觉得自己做得更好，粉丝就会选择你，实际上这并不是聪明的做法。

尽量不要到别人的赛道里去竞争。最好的方式，是建立一个全新的赛道，你第一个进入，这样就会有不可比拟的优势。这就是领先法则，成为第一胜过做得更好。

◎ 电灯是谁发明的

人们大都知道，爱迪生发明了电灯。那LED灯是谁发明的？这个可能很多人就不知道了，是一个叫中村修二的日本科学家。LED灯的能耗只有普通灯泡的二十分之一，而耐久性是普通灯泡的10倍～100倍，而且LED灯发光更稳定。为什么LED灯比普通电灯好这么多，而我们只知道爱迪生的名字，却很少有人知道中村修二呢？

因为爱迪生是第一个发明电灯的人，所以人们只记住了爱迪生。中村修二比爱迪生做得更好，但人们却没有记住他。

◎ 人们总是对第一更加关注

中国110米栏跑得最快的人叫刘翔，第二名是谁？

中国第一位奥运金牌得主叫许海峰，第二位是谁？

人们往往只记第一，这就是"第一胜过更好"的原因。

◎ 人们总是会认为最先进入脑海的就是最好的

可口可乐是最先做可乐的，人们就认为可口可乐是最好的可乐。

王老吉最先做的罐装凉茶，人们就认为王老吉是最好的凉茶。红牛最先做的功能饮料，人们就认为功能饮料红牛最好。

可能同类产品有自己的比较优势，但这些都没用，人们只认第一个进入他大脑里的品牌。

◎ **人总是倾向于维持现状**

改变，是需要付出成本的。

消费者更换正在使用的产品或者品牌是有风险的、是有成本的，所以很多消费者都会保持最初的选择。

如果有能力成为第一，那么就不要去和别人比较"做得更好"。从个人品牌打造的角度来说，虽然有很多领域已经有一些品牌（IP）存在，但是并不代表你没有机会了，可以通过这三个方法，去占领市场，抢占用户认知。

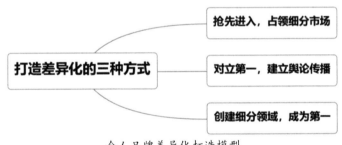

个人品牌差异化打造模型

◎ **抢先进入**

在抖音平台上，每一个细分领域，在用户的心中都会留有位置，那些还没有被进入的领域，就是你抢占的最好机会。

抢先进入，就是抢占在用户心中还没有打上标签的细分领域，让用户在这个品类中有需求的时候，能够首先想到你。

这里还有一个机会，是很多细分领域看似被占领，其实先行者的占领并不牢固，这种情况实际上是非常多的。如果你对这个领域非常有把握，就要尝试用超过现有占有者的方式做到第一。

◎ 对立第一

这个方法很简单，就是站在细分领域第一的对立面，找到目前细分领域价值观、服务和产品的缺点，并且用对立的方式，建立自己的阵地。

事实上，很多类目，是允许竞争者以两极的方式存在的，比如，可乐这个领域就有可口可乐和百事可乐两个品牌，体育用品领域也有耐克和阿迪达斯两个巨头。对于抖音平台来说，每一个账号都是活生生的人设，所以旗帜鲜明地表达自己的主张和立场，也会有很大机会获得粉丝。

◎ 创建细分领域，成为第一

如果你在抖音上发现，你所在的领域竞争非常激烈，这个时候你可能要想一个新的办法，让自己做得更加垂直。

举个例子，李叔凡律师火了之后，有很多律师涌入了抖音律师这个领域，那么这时候，再去挤律师这个赛道就会十分困难。

应该怎么办呢？那就切分更小的领域，专注民事、专注婚姻和专注资产处理等都是很好的方向。而且，从流量效率的角度来讲，越是细分的领域，越能做出更好的客单价。

可以总结这样一句话，"越大越是网红，越小越是生意"。

大而全的领域，走的是大而全的路线，内容需要让更多的人感兴趣，因此粉丝会更多。这种路径的结果就是最后只能是网红的变现路径，广告、直播、打赏和带货。

小而精的领域，走的是小而精的路线，内容需要让更多的人有收获，因此粉丝会更垂直。这种路径的结果就是粉丝会有专业的问题找你去解决，绝大多数的变现路径都在线下。

所以，创建一个新的细分领域，成为第一，对很多人来说，是非常不错的选择。

第三步，建立个人品牌的信任状

当找到个人品牌的细分领域，也有一定的能力在细分领域建立竞争优势的时候，创业者需要给目标用户足够的理由，让他选择在这个领域相信你。这个时候，创业者需要建立一个"信任状"。

什么是信任状？信任状就是一个更加客观、可靠和公认的事实，帮你把你的个人品牌变得更可信。

个人品牌信任状的建立原则

对于在抖音平台上看到的一个新 IP，大多数人的第一反应就是——这是不是忽悠，是不是又是欺骗？因此，我们需要一个更具体的方式，让我们在用户那里快速地建立信任。

这个原则就是，尽可能地向用户传递以数字为代表的具体信息。

具体清晰的信息很容易给人信任感，从而带来行为上的改变，如果信息是含混不清、模棱两可的，即使结论听起来合理，也容易引起人们的疑惑，从而导致不信任。

所以，在定义自己个人品牌信任状的时候，一定要尽可能地使用"数字"，以带来更加直接的信任建立方式。具体的销量、用户的数量、传承的历史年限和具体的制作工艺等，这些具体的数字更有说服力，更能让人信服。

信任状的建立方式有两个办法，共八种方式。第一个办法是自身资源挖掘，第二个办法是外部资源佐证，这两种办法都可以有效地帮助你更好地建立个人品牌的信任状。

自身资源挖掘法

顾名思义，就是强调自身的某一项资源，某一个组成部分的特别性、稀缺性和高价值性。

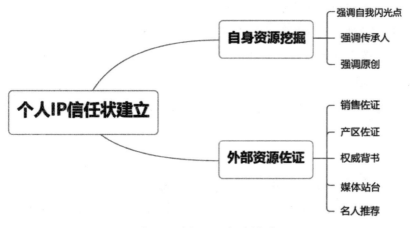

个人品牌信任状打造模型

◎ **强调自我闪光点**

强调自己曾经达到某些成就，比如你是清华大学、北京大学这种高水平大学毕业的，再比如你有海外留学的经历，都是很好的自我闪光点。

刘媛媛，1991年1月4日出生于河北省邯郸市魏县北皋镇南刘岗村，媛创学堂创始人，北京媛创文化传媒有限公司CEO，励志演说家，安徽卫视《超级演说家》第二季总冠军，北京大学法律系研究生。

2020年6月，刘媛媛开始在抖音上为学生和青年群体推荐图书。通过直播带货售书，10月8日至12月28日成交额累计逾4500万元。截至2020年12月图书带货总额超过1亿元。

◎ 强调传承人

强调传承人就是在某些领域有特别工艺的传承，各个级别的非遗项目，都是很好的传承人IP。

作为四川省乐山市级非遗项目"夹江豆腐乳"的第六代传承人，今年35岁的邹小和从2019年6月开始，通过短视频及直播带货的形式，摸索拓展非遗产品的销售渠道。

◎ 强调原创

比如你是一本畅销书的作者，或者你是一个成功的音乐人，有自己独立版权的著作，就是对自己最好的信任背书。

陈雪凝，2001年8月18日出生于内蒙古自治区，中国内地女歌手。抖音平台666万粉丝。2017年4月，发行原创单曲《白山茶》，同年，其演唱的《愚昧》《假装》等歌曲相继发布。2018年4月，发行首张专辑《拾陆》。2019年8月30日，陈雪凝拿到了全球华人歌曲排行榜最佳创作新人奖，其演唱的歌曲《你的酒馆对我打了烊》获得全球华人歌曲排行榜年度金曲奖。

外部资源佐证法

外部资源佐证，就是通过外部的、间接的方式来佐证创业者在某些领域的专业程度，增强信任力。

◎ 销售佐证

销量佐证可以证明创业者在某个领域的领先地位，成为信任状来支持定位。这种方法被广泛地应用于消费品领域，是建立品牌定位最直接、最常用的方法。比如销量遥遥领先、每10台有6台、每分钟卖出××辆、销售量可绕地球多少圈等。

◎ 产区佐证

如果要建立一个产品销售IP，那个产品的产区一定是非常重要的佐证资源。用户会把对产区的信任，直接转化成为对个人品牌的信任，这样打造个人品牌就变得容易很多。

例如，如果你是一个卖苹果的 IP，你可以说，"我是老王，一个来自烟台核心产区的新农人"。

◎ **权威背书**

人们总是更相信专家说的话或者权威机构的认可。比如在人们的认知里，登上过一些特别舞台的人，总是能够被人相信。

例如，如果你是一个高中数学老师，想在抖音上分享一些高中数学知识，那么，你曾经获得过的某个级别的优秀教师奖，就会对你的个人品牌建立非常有帮助。

◎ **媒体站台**

各种媒体，尤其是主流媒体的采访、报道，也是建立个人品牌信任状的一个非常好的办法。

◎ **名人推荐**

如果创业者本身的知名度比较低的话，让一些有知名度的人给自己做信任背书，无疑是最快建立个人品牌的有效方式。罗振宇的"得到"，现在已经是知识付费领域的第一平台了。"得到"平台走出来的老师，相当一部分都得到了罗振宇的背书，迅速地建立了自己的个人品牌。

2. 讲好自己的品牌故事

品牌故事对于个人品牌传播的加成作用不言而喻。在个人品牌的推广过程中，为自己创作一个完美的品牌故事，一定会让自己的个人品牌事半功倍。

1919 年，卢森堡王室的后厨，一个名叫莱昂的帮厨因为经常洗碗刷盘，手都开裂了，当他在用盐水冲洗的时候，一个美丽的女孩走了过来, 对他说: "你好, 很疼吧?"这个美丽的女孩是芭莎公主, 两个年轻人的故事就这样开始了。

芭莎公主在王室的地位很低, 对于在那个时候很稀有的冰淇淋, 芭莎公主是没有机会品尝的。于是莱昂每天晚上爬起来悄悄地为芭莎公主做冰淇淋。而芭莎公主则教莱昂英语, 两个人都是情窦初开的年纪, 在这样的互动之下, 就渐渐互生情愫了。

这个时候, 卢森堡为使自己在欧洲的地位得到提高, 和比利时订立盟约, 为了表示诚意, 就用传统的王室联姻方式来巩固双方关系, 而芭莎公主则被选中成为联姻的对象。一连好几天, 莱昂都没有看到芭莎公主, 心里十分着急。直到一个月后, 她出现了, 不过看上去是那样的憔悴。

用餐的时候, 莱昂特意在为芭莎公主准备的热巧克力上写了"DOVE"这几个字母, 希望芭莎能够看到, 明白自己的心意。而这几个字母是"DO YOU LOVE ME"的缩写。可是芭莎公主一直在发呆, 直到巧克力都融化了, 她都没有吃, 第二天, 她就出嫁了。

这么长的文字, 读者记住了什么?只记住了"DOVE"是"DO YOU LOVE ME"的缩写。与此同时, 在很多人的心智中, 悄悄地把德芙巧克力与爱情画上了等号, 这就是品牌故事的作用。

那如何能够让一个好的品牌故事流传起来呢?一个好的品牌故事, 应该在品牌核心价值观、创作一个好故事、品牌故事传播渠道、超级爆品支持四个方面下功夫。

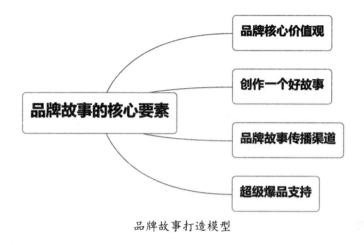

品牌故事打造模型

◎ **品牌核心价值观**

关于故事营销,菲利普·科特勒曾经这样说过:"故事营销是通过讲述一个与品牌理念相契合的故事来吸引目标消费者。在消费者感受故事情节的过程中,潜移默化地完成品牌信息在消费者心智中的植入。"

"一个与品牌理念相契合的故事",强调的正是"品牌核心价值观"。品牌故事传播的核心工作,就是把品牌的价值传播出去。

找准品牌核心价值观,就能确立品牌的主题,它或许只需要一两个字就能概括。德芙背后的故事主题是"表白"、苹果背后的故事主题是"引领"、南方黑芝麻糊背后的故事主题是"怀念",还有无数的故事,背后都有一种情感或情愫作为支撑。

◎ **创作一个好故事**

一个好的品牌故事一定贴合实际,简单易传播。尽量可以用一句话来概括,也可以用一句话来延伸。

麻石小巷,黄昏,挑担的母女走进幽深的陌巷,布油灯悬在担子上,晃晃悠悠。小男孩挤出深宅,吸着飘出的香气,伴着木屐声、

叫卖声和民谣音乐。

男孩搓着小手，神情迫不及待，大锅里那浓稠的芝麻糊滚腾。卖芝麻糊的母亲，大铜勺提得老高，往碗里倒芝麻糊。小男孩埋头猛吃，碗几乎盖住了脸。小男孩将碗舔得干干净净，小姑娘捂着嘴笑。母亲爱怜地又给他添了一勺，轻轻地抹去他脸上的残糊。小男孩抬起头，露出羞涩的感激。

南方黑芝麻糊打造的这个经典的品牌故事，成功地引起了人们对"温情"的回忆，是一个非常成功的品牌故事。最后主题广告语"一股浓香，一缕温暖"，营造了一个温馨的氛围，深深地感染了每一个观众。当人们在超市里看到南方黑芝麻糊时，可能就会回忆起那片温情，极大程度地刺激了购买欲望。

小罐茶：八位大师制作而成。讲述的是八位制茶大师通过手工工艺传承，让普通人喝上大师茶的过程。

ROSEONLY：一生只爱一人。讲述的是男人送花只能送给唯一的她的故事。

品牌故事的核心要素只有一个，就是构建冲突。没有冲突就没有故事。德芙巧克力"DO YOU LOVE ME"的故事冲突是表达喜欢和说不出口的冲突；褚橙讲述的是褚时健的人生胜败、巅峰与低谷的冲突；而ROSEONLY解决的是爱情唯一和惧怕出轨的冲突。通过对痛点的发掘，找寻出具有传播力的冲突点，通过一些真实情节的代入，让故事真实起来。

◎ **品牌故事传播渠道**

很多故事的流传，传播渠道都起了关键性作用。就拿褚橙来说，没有本来生活网的销售渠道供给，没有一些名人的站台背书，没有媒体的发酵与宣传，褚橙都不可能火起来。

◎ **超级爆品支持**

传播造势完成之后，产品一定要跟上，否则，就是流量的浪费。产品要通过产品包装、产品细节、产品卖点和产品口碑等环节的塑造，提升品牌故事的可感度。

第四节　个人品牌打造具体步骤

前三节讲述了如何去建立个人品牌的清晰定位，如何用个人品牌去占领用户心智。本节结合抖音平台的实际状况，讨论一下如何能够完成一个完整的个人品牌打造。

在抖音上打造个人品牌是一项长期的工作，这项工作包括在抖音平台的人设定位、风格定位、内容生产和 IP 整体运营四个组成部分。这一节我们主要讨论人设定位和风格定位两部分内容。关于内容生产和 IP 整体运营的内容，后续会有专门的章节讲述。

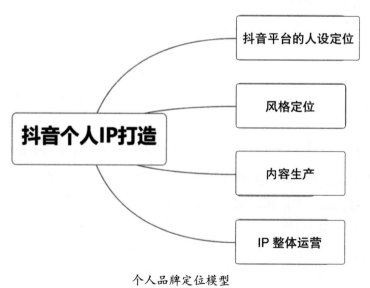

个人品牌定位模型

抖音平台的人设定位，从展示的角度，主要包括抖音主页五件套的设计，即背景、名称、头像、简介和内容封面五个组成部分。

1. 抖音人设定位就是打造认知和信任的过程

抖音的主页，就是门面，因此，大门口上的字，是不能乱写的，抖音主页呈现的内容，就是建立一个完整的认知和信任的过程。一定要让我们的用户，一看到我们的主页，就能清晰地明白我们是做什么的，能给他带来什么价值。

因此，背景、名称、头像、简介和内容封面都要围绕着"认知建立"的目标，去确定展示什么内容。

◎ 背景图

背景图的作用，是场景代入与强调。

抖音的背景图其实是一个很好的广告位，能够迅速地将你的用户"带入"你所需要的场景。

比如，如果你要做一个卖海鲜的 IP 账号，你就可以放一张渔船的图片，在合适的位置写上"每日晨捕，当日顺丰"这样的关键提示语。如果你想做一个卖生鲜水果的 IP 账号，你就可以放一个鲜橙子挤出果汁的图片，这样的图片很快就可以把用户带入你想要的场景中去。

千万不要再用什么"谢谢你这么好看还关注我"这样的背景图了，抖音主页寸土寸金，尽可能地向用户传递更多有用的信息。

◎ 抖音名字

抖音起名字的原则只有一个，就是要让大家能够迅速地记住你。如果不是一些相对比较严肃的行业，例如律师、老师之类的 IP，尽量给自己起一个比较好记忆、好传播的名字。

再强调一下，如果不是特别严肃的行业，一定要起一个朗朗上口的名字。一个好的名字，一定能让我们至少在三个方面有所收获。

降低粉丝的"理解成本"

好的 IP 名字要简单直接，不需要多余的解释，就能让人秒懂。父母给孩子取名字有内涵和外延，IP 取名字就不适合太深刻。

从 IP 命名来看，最简单的，就是以行业 / 职业 / 产品，加上你的昵称来命名。如果你卖产品，蜂蜜哥、柚子妹等都很好懂。不要以为这么做很土，想想 NBA，小皇帝詹姆斯、闪电侠韦德、黑曼巴科比等都将球风融入名字中，在世界各地广为传播，成为巨大的 IP 资产。

降低粉丝的"记忆成本"

快速地让粉丝建立记忆的方式有三个，分别是新旧元素捆绑、改造熟悉词、制造画面感。

◎ **新旧元素捆绑**

新的名字如何让别人快速记忆？答案很简单：让新元素与大脑熟悉的旧元素捆绑。比如福建泰宁的大金湖景区，山水很漂亮，但只在当地有名，为了吸引周边省市游客参观，就打出了"福建省的九寨沟"，让人一下子就有了认知。

◎ **改造熟悉词**

举两个例子，一个是高颜值阿佳，一个是包大人 SUNNY，前者是演讲培训师，后者是女包代购，这两位都将大众熟悉的两个词进行改造，很是高明。

◎ **制造画面感**

有视觉画面感，最好闻名如见人。《水浒传》中的花和尚鲁智深、矮脚虎王英、黑旋风李逵，我们一提到名字，脑海中就会自动生成画像。

降低粉丝的"传播成本"

陌生人第一次听到，就能听得懂记得住，这就是降低"传播成本"。

理解了命名的3个成本后，我们就能比较直接地给出解决方案。

命名方法	举例
行业＋名字	理财皇后轩轩，海报设计黄天，宠物家教喵小姐
产品＋名字	云南红酒柯拿 ，蜂蜜哥纯蜂蜜，抖音引流媛媛
作品＋名字	书籍＋名字，节目＋名字，理念＋名字
公司＋名字	闪星传媒张三，水晶娱乐李思

最后再补充一点，以上所说的都是一些相对比较常规的命名方式，如果想尽快地建立认知，还有一点非常重要，就是要有一些"暗示"。用一些相对比较高大上的字，暗示你在这个行业的领先地位。比如"金""钻"等字，虽然不知道是做什么的，但一定会给人高大上的印象。

◎ 抖音头像

抖音头像应该根据你的风格来确定，如果你是真人出镜类的账号，建议你使用个人的形象照，一定要简洁清晰，避免局部或者远景人像。这样粉丝会对你有更直观的认知，产生更强烈的信任感。另外也可以做成卡通的 IP 形象，让我们的个人品牌更具备辨识度。

◎ 抖音简介

最关键的，是抖音的简介。

要知道，粉丝会不会关注你，80% 取决于个人简介写得好不好。写得好的简介，粉丝转化率会相当高，写得不好的简介，别人看看就走了。

怎么才能写好一篇简介呢？鉴于抖音简介的篇幅比较有限，可以说寸土寸金，一点都不能浪费。简介一定要写清楚自己是谁，自己为什么能成为这样的人，以及用户关注我们会有什么价值。

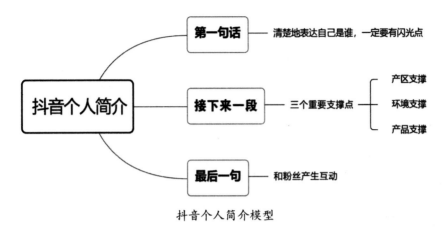

抖音个人简介模型

　　第一句话一定要清楚地表达出你是谁，表达不要太平庸，一定要有亮点。亮点可以是与正常认知相对立的点，也可以是用数字表达的关键信息。

　　例如，冯雁平医生的"隆鼻医生冯雁平"，王德顺老人的"81岁T台走秀的王德顺"。

　　但这些表达还是有一些平庸，可以稍微加一点调侃的元素，例如猫宴肉干猫粮创始人荣哥的"可能是抖音第二懂猫粮的商业博主"。没人知道谁是第一，荣哥实际上用"第二"暗喻得到了"第一"的效果。

　　如果你在老家有5000亩苹果园，第一句话可以写"××农业大学毕业，种了5000亩苹果园"。大学毕业说明了你的层次，回家种地又暗示了情怀，5000亩又明确了规模。

　　接下来一段话就是要把第一句话接住，让大家愿意相信你说的第一句话，最好分成三个重要的支撑点，形成一个闭环的信任链条。在表达的时候，尽量要多使用数字，多使用一些背书资源。

　　例如，如果你是一个整形外科医生，你可以这样写："北京大学医学院毕业，专注外科整形 15 年，让 5000 个平凡人重获新颜。"
这样大家就会清楚地知道你的专业水平和专业成果，也就更愿意相
信你，关注你。

再比如，你在烟台卖苹果，你可以这样写："果园在北纬
37°15′的黄金产区官道镇，六山一水三分田出产的烟台苹果，汁
多爽口，果肉松脆。"清楚地表达了果园在核心产区，表达了当地
的环境特征，表达了产品的特征。

最后一句，要和粉丝互动一下，就是关注你，有什么好处，尽
快地建立和粉丝的联动关系。

如果你是卖苹果的，可以告诉粉丝，关注你，可以找你去领一
个优惠券。如果你是知识主播，你可以说，关注你，可以获得你的
试听课程。

◎ 短视频封面

短视频封面也是建立个人品牌的重要阵地，短视频封面的整齐
划一，会让人非常有好感。

2. 打造个人品牌的整体风格

要想让自己的个人品牌具备更强的辨识度，我们需要想办法打
造个人品牌的整体风格。整体风格包括视觉风格、输出风格和语言
风格。固定的整体风格将在个人品牌推广中发挥重要的作用。它会
让粉丝在接受内容的时候，更容易形成习惯。

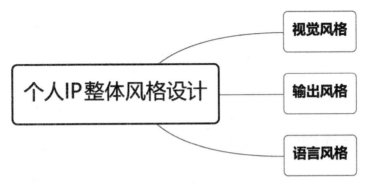

抖音个人品牌整体风格设计模型

◎ 视觉风格

打造一套属于自己的视觉系统，是个人品牌打造中非常重要的事情。视觉系统有多重要？大家看到太阳花的符号，就会直接联想到华为，这就是视觉系统给品牌推广带来的价值。

在本书的内容中已反复强调，个人品牌的底层逻辑实际上就是品牌逻辑，品牌视觉系统作为品牌体系的核心组成部分，也将在个人品牌的推广中，发挥着重要的作用。那么，品牌视觉系统中，有哪些要素，是个人品牌可以借鉴的呢？

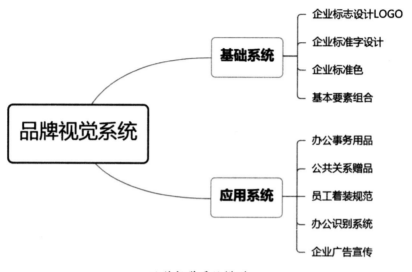

品牌视觉系统模型

一个成功的个人品牌，就是一个成功的品牌。举个例子，凯叔讲故事，创始人王凯和他的 IP 形象，已经完全按照品牌视觉系统的方式在运营了。

只不过对于绝大多数初创的个人品牌来说，暂时没有必要做得这么复杂，但是有几个关键点，例如，标准色、视觉形象还是需要借鉴的。

建立自己的视觉锤

如果有可能，邀请专业人士帮助自己建立一个视觉锤，视觉锤的作用是能够向你的目标用户传递非常清晰的信息。

本书作者张驰老师的视觉形象

　　在你的视觉锤里，要清晰地表达你的用户价值，也就是用户关注你，能给他带来什么好处。这样经过日后不断的强化传播，一定会有明显的长尾效应。

◎ **输出风格**

　　很多人在抖音上的输出风格过于随意，视频的背景颜色、封面颜色、封面标题和字幕颜色都是随便一弄。这种做法在抖音发展的早期可能不会有太大的问题。但随着专业选手越来越多，严谨的、有自己独特风格的稳定输出，会成为评判一个账号运营水平的重要标准。

　　品牌的标准色是品牌 VI 系统中的一项重要组成部分。为了抵御激烈的市场竞争，很多大型企业都非常重视提升企业自身的整体品牌形象，为了扩大国内外市场、增加产品的附加值和品牌的认知度，企业通常会在不同的媒介和设计中采用统一的企业标准色，从而达到具有标志性、规范化和一体性的目的，进而提升消费者对品牌的认知和信赖感。

没有粉丝喜欢看杂乱无章的东西，内容输出越标准，就越容易形成用户习惯，粉丝才会越来越多。从应用上，以下几个点需要实现标准化。

背景：背景需要统一标准，尤其是横屏视频，背景需要统一标准色。

字幕：字幕需要统一字体、字号和位置。

视频顶部标题：需要统一字体、字号和位置。

封面：需要统一模板、字体、字号和位置。

◎ 语言风格

杜甫曾经有一句诗"语不惊人死不休"。金句，可能是最好的传播方式之一了，先来看几个例子。

"定一个小目标，先挣它一个亿。"

"让天下没有难做的生意。"

"世界太大了，我想去看看。"

几乎没有一个人不知道这些句子，这就是金句的力量。打造个人品牌，最好能够提炼出一句有自己独特风格的句子，不管是脱口而出，还是故意为之，都会让自己的 IP 传播事半功倍。

抖音上金句比比皆是。"预算不足"，李叔凡律师的"法律无非柴米油盐"，老把头的"这什么玩意"，佩佩的"吃喝智慧，关注佩佩"（后来可能是因为光做美食遇到了题材不足的问题，改成了"生活智慧，关注佩佩"）。

好的金句能够让用户快速地记住你。例如"老把头和老解"这个账号，人们可能记不住他的抖音账号，但是当你听到有人在讨论"这什么玩意"的时候，你一定会想到你在抖音上刷到过这么一个超级可爱的老头。

◎ **形成自己的整体风格**

把个人品牌的输出内容和表达形式结合在一起，就形成了自己的固定风格。固定风格非常重要，这是决定用户能不能快速记住你的关键。下边是抖音平台上的一些比较好的拥有自己固定风格的账号，供大家参考。

类别	内容形式
强力视觉锤	鲜明人物特征，有独立观点，一看过目不忘（金枪大叔）
语言特色	鲜明的语言特色，听觉上能够触动用户（佩佩的万事屋）
超级专业范	内容一看就是专业团队生产（葛冰南、张驰老师）
超级内容	内容超级厉害，具备扎实的内容能力（严伯钧、安森垚）

第六章

详解抖音的变现逻辑

第一节　抖音变现的一个中心，两个基本点

晚上 10 点打开抖音，人们能看到很多明星在直播带货，明星们的流量通过直播带货的方式在变现；还能看到很多知识博主在向粉丝推荐课程，因为课程是知识博主变现的方式；还能看到，不管剧情段子里的霸道总裁演得多么高大上，一到晚上，都成了杂货铺的老板。因为点赞、评论这些数据是换不来钱的，只有带货，才是王道。

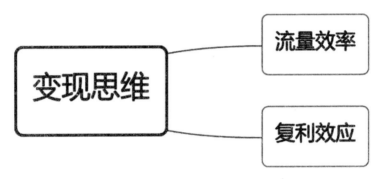

抖音到底应该如何变现？这是每一个抖音创业者都要认真思考的事情，变现方式考虑不清楚，就不要轻易地去做抖音。

1. 以"变现思维"为中心

什么是"变现思维"？

现在很多人做抖音，张口闭口就是谈"变现"，但绝大多数人对"变现"的理解都不正确。"变现"有两个核心的要素："流量效率"和"复利效应"。只有充分理解了这两个关键要素，"变现"才能变得顺理成章。

◎ 流量效率

什么叫作流量效率？

就是哪怕只有一个人来到了我们的抖音账号，我们都应该想办法卖给他一点什么东西，这就是流量效率。或者换句话说，如果有人能够来到我们的抖音账号，就可以马上知道我们要卖什么产品，并且可以清楚地知道这些产品能给他带来什么价值，这就是流量效率的最合理解释。做抖音最痛苦的事情，不是没有流量，而是流量来了，我们却不知道如何才能变现。

为了让大家更深刻地理解这个问题，我们来做一个简单的概率模型。假设某一个用户看到了我们的短视频内容，想购买我们的产品的概率是0.1。也就是说，有10个人看了我们的短视频，我们就能够卖出去一单产品。

假定我们一单产品能够挣10元，在免费流量的条件下，我们就可以盈利10元。如果我们使用的是付费流量，也就意味着我们可以为每一个看到我们的短视频的人支付1元的流量成本，这种情况下我们依然不会亏本。

所以，我们要尽量地提升每一个人观看我们短视频之后，想购买我们产品的概率。如果我们能把这个概率提高到0.2，10次浏览我们就可以卖出去两单产品，获得20元的利润，这就是流量效率的意义。

这也是为什么一再强调，只要有用户进来，就应该让用户知道我们卖的是什么产品，这种产品能给用户带来什么价值。

个人品牌的核心作用就是建立认知。认知一旦建立，就意味着我们具备了让流量效率变得更高的可能性。

◎ 复利效应

对于创业者而言，"变现"的第二个核心要素，就是一定要深刻地理解"复利效应"。简单地说，就是可以通过不断地销售累计，让自己在这个行业里更具影响力。

举个例子，是把 100 箱咸鸭蛋卖给 100 个终端客户，每一个客户购买一箱好，还是一个集团客户一次采购了 500 箱员工福利好？很多企业会觉得福利采购简单省心、量大，但这种采购明显不具备"复利效应"。今年采购你的，明年采购谁的还不好说，而这 100 个终端客户却极有可能会始终支持你、相信你，持续不断地购买你的产品。

当然不是说不主张做福利采购，但对于创业者来说，瞄准自己应该去的方向，然后顺手做点福利采购是很好的。怕就怕因为这种事情好操作、销量大，很多创业者就把大部分精力放在这上边，这显然是不可取的。

100 个终端客户，就会在你的抖音小店留下 100 个好评。好评累计得越多，新客户对创业者建立信任的速度就越快。另外，这种累计还会让个人品牌变得更加稳定，更具有说服力。

2. 基本点：强化产品打造

从抖音变现的角度来说，创业者必须强化产品的打造。抖音上很多带货主播为什么赚不到钱，其中很重要的一个因素就是产品打造的力度不够，没有下功夫。

很多传统企业在做抖音的时候，都是把之前在传统渠道里的产品拿过来直接卖。运营传统渠道的核心是占领货架，只要能够占领住超市的货架，就可以有销量。但在抖音上，还能使用这样的逻辑吗？

显然是不能的，无论是短视频还是直播，我们能够给用户展示产品的时间不会超过 3 秒钟，这 3 秒钟的时间直接决定了我们的产品能不能卖得出去。抖音平台对产品的要求，是远大于传统零售的，只有更具辨识度的产品，才能更加适应平台的特征。

不想打价格战，不想把自己的产品以低廉的价格销售，那就好好地打磨一下自己的产品。

3. 基本点：强化内容打造

什么是好的内容呢？能够驱动产品销售的内容，都是好的内容，不能驱动产品销售的内容，就算流量再大，也没有什么实际的作用。

先说短视频。短视频内容分为两种：第一种是流量内容，流量内容可以吸引粉丝来到抖音主页。第二种是成交内容，也就是当粉丝来到抖音主页之后，通过对一些内容的浏览观看，能够产生对产品购买的意向。

直播也是一种内容的输出形式，因此认真地打磨直播间同样重要。如果直播间不能输出价值，那就意味着别人也不愿意关注我们的直播，也就没有了任何变现的可能性。

第二节　个人品牌应该关联什么样的产品

99% 的创业者对产品重视程度不够，才是创业失败的根本原因。

未来的个人品牌，一定是要用强有力的好产品承接。只有强有力的好产品，才是个人品牌能够实现商业变现的最大保障。尽管现在以"罗永浩"为代表的大促销模式的个人品牌非常火，但这并不是普通创业者可以借鉴的商业模式。普通创业者要想在抖音上有好的发展，一定要重视产品的打造。

1. 什么样的产品，才是抖音电商最终答案

这是每一个个人品牌创业者，都必须要回答的灵魂拷问，再一次强调，如果这个问题没有答案，那就不要去做个人品牌。

个人品牌到底应该关联一个什么样的产品呢？创业者需要的是一个用户能够有意愿购买，并且能够产生复购的产品。

什么样的产品能够产生购买和复购？我们给产品提出三个要求，强

刚需、高颜值和高品质。只有这样的产品，才能真正地把个人品牌支撑住。

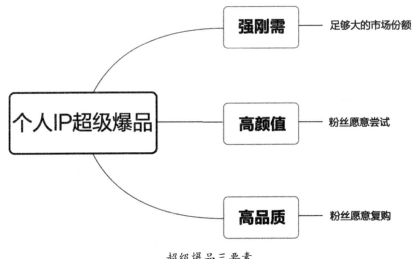

超级爆品三要素

为什么没有提价格？很多人可能觉得价格才是最关键的因素。但事实上并不是这样，只有没有办法做到上述三点的创业者，才会在低价上下功夫，用性价比来获得用户，这并不是个人品牌正确的打开方式。

2. 绝大多数人做个人品牌的最大产品误区

现在抖音上所有的卖货手段，能做到像猫宴肉干猫粮那样保护住自己产品附加值的，寥寥无几。但请相信，这一定是未来抖音电商的发展方向。

现在抖音上做产品的误区，都在哪里呢？第一，低价销售，因为产品的同质化比较厉害，所以就比谁的价格更低。第二，把传统渠道的产品拿过来就卖，丝毫不考虑消费者的感受。

◎ 低价竞争

抖音上就应该卖低价产品吗？要知道，如果创业者没有自己的工厂，想做到绝对低价是非常难的。即便是有自己的工厂，以中国现在这么强大的制造业生产能力，很快就有更低价的产品制造出来。

◎ 把线下产品直接搬到线上来卖

为什么不能把线下产品直接搬到线上来卖？因为线上线下对产品的要求不一样，线下零售的核心关键是要占领渠道，所以渠道费用是大头，产品品质不会这么卓越。而在抖音上做个人品牌的核心是复购，产品品质一定要非常好。因此，线下产品直接往线上走的话，产品力是有点弱的。

3. 个人品牌的商业模式，是可以支撑做高品质产品的

个人品牌的商业模式，是一定可以支持高品质、高价格产品销售的。对于创业者来说，只要内容做得好，流量几乎免费，再加店铺全部都是自营，渠道成本接近于零。

个人品牌的商业模式，相对于传统零售来说，极大地降低了传播成本和渠道成本，这是一个双向的低成本结构。在这种条件下，如果再做不出来高品质、高复购的产品，真不知道去哪里再找这样的机会了。

省下来的这些钱干什么去？是去做低价竞争吗？

那就大错特错了，省下来的钱，去做一个"极致产品"，这才是正确的方式。

4. 用"极致产品"，让粉丝欲罢不能

什么叫作"极致产品"？给大家举个例子，在中国，几乎所有的牙膏的成本不会超过2.5元，但海洋之风牙膏的成本是普通牙膏的几倍。所以，只要用户有机会选择海洋之风，海洋之风带给用户的体验一定是无与伦比的，远超过去几十年间用户对牙膏的使用体验。

创业者一定要记住，人都是这样的，用过了好的东西，一定不愿意再去用不好的东西。用过了5000元的手机，再用2000元的手

机就会觉得别扭。开惯了高档车,再去开普通车就会不适应。这是人性决定的,而这个人性,就是"极致产品"最大的机会。

现在,有越来越多的消费者开始学会研究产品成分了,产品成分已经逐渐大于产品品牌。有人把这部分人群称为"成分党"。而海洋之风牙膏就是典型的成分党产品。

5. 新产品研发的 1+1+3 模型

在这里提供一个模型供大家参考,就是"1+1+3"模型。第一个"1",是产品应该有稳定的品牌逻辑,最起码品牌的底层逻辑没有什么大的 BUG(漏洞)。

什么是品牌底层的 BUG?举例子说明:在品牌学里,一个品牌不会在两个品类里建立认知。所以,当听到有人拿着"广药潘高寿"这个品牌来做暖茶的时候,就可以断言这件事情很难做成。

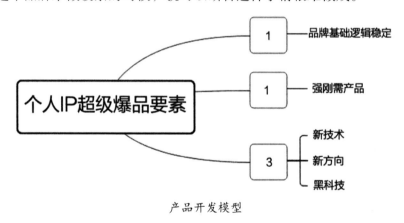

产品开发模型

为什么?广药这个品牌所建立的消费品品牌认知,是和"王老吉"紧紧联系在一起的。这是一个非常强的关联,基本上也就意味着,在消费品领域,"广药"是可以和凉茶画等号的,那你怎么让消费者觉得你在暖茶领域一样也可以做得很好?所以,品牌的底层逻辑非常重要。

第二个"1",就是一定要做刚需产品。产品不刚需,购买之后没有复购，就意味着赚不到源源不断的钱。现在几乎市面上所有的消费品，都可以按照这个逻辑重新做一遍，因为这些产品都不够好，都不够惊艳，都不是超级产品。

第三个"3"就是产品要有点新概念。新概念才能博人眼球，原则上来说，有三个方向的选择：新技术、新方向和黑科技。这几个方向都可以很好地支撑起新概念产品，增加产品的附加值。

第三节　应该为个人品牌准备一个什么品牌

400克猫粮卖149元。荣哥的猫宴肉干猫粮，可以说是抖音个人品牌卖猫粮的天花板了，在荣哥的这个案例中，我们可以清楚地看到这样一个关系。

在相对高段位的一些操作中，实际上是个人品牌、流量和品牌三个要素在相互作用。用个人品牌去做内容，在抖音的流量池里做精准的投放，最后成交的是一个产品品牌。

而产品的高品质，又能反过来让个人品牌变得更加稳定，就形成了下面这个关系图。

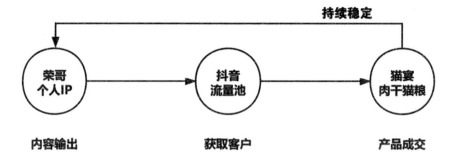

创业者最后要达到的目标是让用户不仅能够记住个人品牌，并且还能够记住产品品牌。有产品需求的时候，去购买产品，有内容需求的时候，去看个人品牌的内容输出，双向保障，万无一失。

因此，对于个人品牌创业者来说，必须要懂得一些品牌逻辑，才能把个人品牌的打造做得更好，更清晰。

1. 优秀的品牌定位，到底有什么作用呢

品牌的底层逻辑，可以直接决定品牌的未来，了解品牌的基本逻辑，就能有效地绕开一些弯路，更快地获得成功。

团购这个领域，也曾经出现过"百团大战"，但为什么只有"美团"活了下来？其中有一个很重要的原因是美团早期的定位，"美团一次，美一次"。这样经典的定位让消费者一下子就记住了它。

猫宴呢？是不是一个很好的品牌命名？相对于电商平台上一堆叫不上来名字的猫粮品牌，这个品牌名字已经非常出色了。优秀的品牌，就是让消费者在想去购买某一类产品的时候，第一个想到的就是你，只有这样，才会在激烈的市场竞争中取得最后的胜利。

2. 用户的购买行为到底和品牌有什么关系

　　下面这个模型,深度地分析了消费者在购买行为中的思维模式,理解了这个模型,就可以明白应该怎么做,才能让消费者在第一时间想到我们的产品品牌。

　　这个模型叫作需求与购买链路模型,是正常情况下消费者从有需求产生,一直到购买完成的一个完整的思维链路。

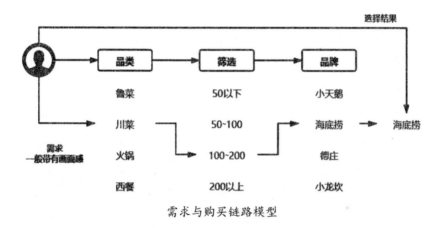

需求与购买链路模型

　　在这个模型中可以看到,购买需求,是从人的大脑中产生的,需求往往带有很强的画面感。这个画面感很重要,这个画面实际上就是在市场推广中一再强调的"场景"。

　　以"去吃饭"做一个简单的分析,当人们饥饿,产生了"吃饭"的需求之后,大脑里会呈现出一个又一个能满足这种需求的画面。根据这些画面,人们开始进行第一次选择,是吃个西餐?还是吃个火锅?经过考虑之后,选择了去吃火锅。接着人们的大脑会根据预算是多少进行第二次选择,预算是多少?预算是每人 100 ~ 200 元。这个时候,大脑里边就会有几个品牌选项,来满足这个已经非常具体的消费需求。

　　我们从众多火锅品牌里,选择了海底捞。为什么会选择海底捞?

可能是因为海底捞的服务好，也可能是因为海底捞非常好吃，总之，海底捞一定给了你一个理由让你选择它。

品牌在哪个环节出现的？在整个购买链路中，品牌并不是需求一产生就出现了，而是在具体消费场景出现之后才出现。专业术语就是当"品类"选择完成之后，才会出现品牌。所以，对创业者来说，要做的最核心的工作，就是让自己的品牌成为消费者在这个品类的首选品牌。

3. 如何让自己的品牌，成为这个品类的首选

所有创业者的核心工作，都是要让自己的品牌成为某一个品类的首选品牌。这个目标可以分成两步去完成：第一步，找一个合适的品类；第二步，想几个办法，让自己成为这个品类的首选品牌。

如何找到一个合适的品类，让自己在这个品类里成为第一品牌呢？最通常的做法就是品类细分，以今天的商业繁荣程度，很难还有没被品牌占领的大品类，所以细分品类会带给我们极大的机会。

举个例子，海洋之风牙膏在牙膏大品类里边，是没有机会的。所以海洋之风牙膏切割了"益生菌牙膏"这一特定功能品类，并且迅速地成为这个领域有影响力的品牌，让海洋之风和益生菌牙膏建立了强大的关联。小白钻纸尿裤在纸尿裤这个大品类里也没有机会，所以小白钻迅速地瞄准了"医护级纸尿裤"这个细分品类，并且牢牢地占据了这个领域的市场主导地位。

在这里，给大家提供几个品类细分创新的办法，供大家参考。

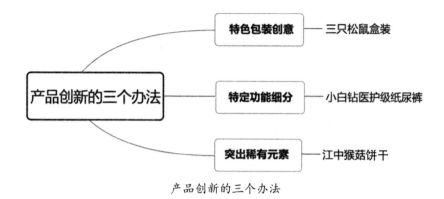

产品创新的三个办法

第一，特色包装创意。从产品包装和产品形态进行细分，是最容易实现的细分方法。三只松鼠首先改了包装，出了一款小瓶坚果，就迅速火遍了全网。

第二，特定功能细分。从功能层面做品类细分是另外一种常用的方法，海洋之风益生菌牙膏和小白钻纸尿裤都是典型案例。

第三，突出稀有元素。就是将消费者认知中比较被认可的一些原料，添加到自己的产品中，让产品更有价值。江中猴菇饼干为什么突然火起来了，就是在饼干中添加了一种价值比较高的食材——猴头菇。

4. 应该如何定义品牌呢

◎ 最好的品牌名称，直接与品类相关联

最好的办法，是品牌命名能够直接和所在品类产生强大的关联。今天你看到的几乎所有的好的互联网企业，它们都有一个和所在品类直接关联的名字。淘宝、百度、今日头条、三只松鼠，这些名字都非常清楚地指向了它们所经营的品类。

一个好的品牌名称有三个核心原则：好记忆、好联想、好保护。

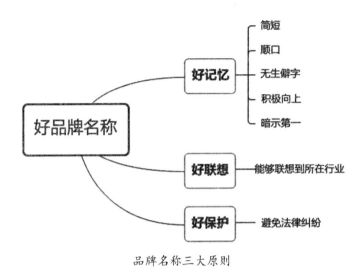

品牌名称三大原则

◎ 强化品牌与品类的关系，不要做哑巴品牌

如果你的品牌是一个"哑巴品牌"，不能清晰地指向它所在的品类，那就意味着你要去花很多的钱做传播，强制让消费者建立这种认知。

当然，这都是普遍意义的逻辑，有没有特例？有！如果你觉得你的水平和雷军一样，可以创造小米这样的神话，那么你就完全不必理会这一套。如果你不是雷军，还是建议你好好地学习这些品牌的基本方法论，它不一定能让你很出彩，但它绝对不会让你犯错误。

切记，不要做"哑巴品牌"。

第四节　如何让自己的产品成为爆品

对于任何一家企业来说，过硬的产品才是核心竞争力。可以说，产品是企业所有战略、策略的结晶，也是所有营销思想的汇集，产品的水平直接反映了企业的经营水平。那么，对于个人品牌来讲，应该开发什么样的产品呢？

也就是创业者需要回答一个问题，什么样的产品，让人一看就想买？

1. 短视频、直播对产品的要求是"秒刷秒买"

什么叫作"秒刷秒买"？

很简单，只要用户刷到我们的产品，就会对我们的产品产生兴趣，愿意花3秒钟的时间了解我们的产品，然后下单购买。这就是"秒刷秒买。"

"秒刷秒买"是非常关键的，表面上看就是四个字，背后却蕴藏了非常丰富的内容。新媒体营销需要激活的，是一个更短的购买链路。这个购买链路，即便是做不到让用户马上购买，也需要传递足够的信息，在消费者心里打下一个烙印。

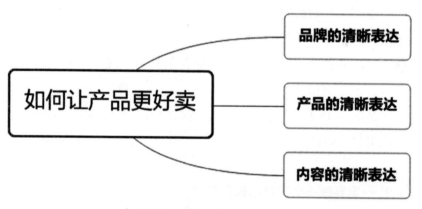

抖音平台爆品营销三大要素

我们应该如何激活一个更短的购买链路呢？答案的关键词只有一个，就是"清晰表达"。

品牌的定位要清晰表达，要清晰地指向我们经营的品类，品牌表达越清晰，就越有利于我们占领消费者心智。

产品的描述要清晰表达，要给用户传递一个完整的产品信息，帮助用户去做购买决策，我们的产品才能更好卖。

营销内容要清晰表达，内容要直奔主题，开门见山。千万不要出现用户看了 3 秒短视频还不知道我们是卖什么的，这样就会对流量造成浪费。

2. 千万不要做"哑巴产品"

从品牌的角度来说，千万不要做一个"哑巴品牌"。同理，也不能做一个"哑巴产品"。

其实无论是传统零售还是新零售，大家都要坚持一个重要观点，"好产品自己会说话"。什么叫作好产品会说话呢？就是这个产品自己可以说服用户购买，让人一看就知道这个产品有多好。

在传统零售里，优秀的产品力是降低终端导购员销售难度最关键的因素。那么在没有导购员的线上零售，我们要让产品成为自己的导购员，只有这样，我们才能卖出去更多的产品，形成稳定的销售，构建伟大的品牌。

未来，所有的推广行为，都会凝聚在 15 秒的短视频广告里，线上新零售不会再给我们任何占领渠道，强迫消费者的机会。我们能做的就是在这 15 秒的时间里，用卓越的产品力和传播力，说服用户点击购买我们的产品。

3. 一定要做一个完整的信息表达

在这里，从另外一个角度来思考，用户为什么难以下一个购买的决心？产品为什么会同质化？

想想我们的产品，是不是还停留在只告诉了用户你是一个什么产品这个层面？剩下的所有可以用来决策购买的信息都要等着用户自己去发现，自己去寻找？

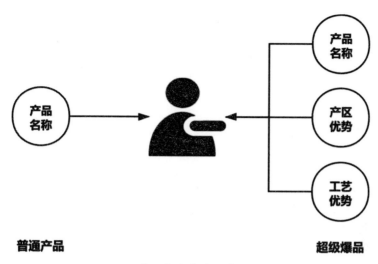

普通产品   超级爆品

产品信息表达示意图

现在抖音上绝大多数产品的包装，就是仅仅告诉用户"我是一个什么产品"，这是同质化的根本原因。

所以，一个好的产品包装，一定是一个"完整的差异化信息"的表达。可以清楚地告诉用户，我是谁，我能做什么，我能给你带来什么价值。

第七章

个人品牌与私域运营

第一节　私域流量概论

从抖音上线到现在，抖音经过了一个相当高速的发展过程，在这个过程中，很多人成了千万粉丝的网红，也有很多企业通过抖音电商完成了很大的销量。

但进入 2022 年下半年，抖音的几个核心赛道增速明显放慢，红利逐渐消失。创作者，企业的压力越来越大。我们会发现，抖音的获客难度在不断增加，获客的成本也在不断增加。

这种情况下，我们应该怎么办？对于个人品牌来说，结合抖音平台的特征，打造好自己的私域运营大盘，是一个很好的解决方案。

1. 什么是"伪私域运营"？

一说到"私域运营"，很多人就会说，私域运营不就是社群吗？私域运营管理不就是社群管理吗？

这个观点正确吗？

对，也不对。说这个观点对，是因为社群确实是私域运营的一个承载形式；说这个观点不对，是因为这种说法对私域运营的理解是非常片面的，很难让大家建立起对私域运营的完整认知。

先看一下，"伪私域运营"的几种表现形式。

◎ 认为触达就是私域运营

触达就是私域运营吗？

这可能是很多传统企业在进行私域运营的时候会经常出现的一个"常识性"错误。触达，只能说是完成了私域运营的一个环节而已。触达只是一个单向的动作，企业有能力触达粉丝，但粉丝对企业、对产品有什么反馈则很难得到有效回应。因此，触达只是传播完成，并不是建立私域运营的标志动作。

◎ **认为社群就是私域运营**

社群就是私域运营吗？

在私域运营早期，社群运营是一个非常热的话题，很多人把自己的客户圈在自己的社群里，觉得这样做就相当于自己有了客户池，有了私域运营。

但90%的人做到最后会发现，自己的社群活跃度越来越低，成交也几乎没有，并没有达到自己想要的理想结果。

◎ **认为公众号、小程序是私域运营**

粉丝在公众号、小程序上有沉淀，这就是私域运营。

很多企业为了方便粉丝下单，花了很大的成本去做了公众号商城、小程序商城开发，希望能够给粉丝提供便利的购买场景，并以此经营自己的私域运营。

但问题在于，粉丝购买和你提供的购买场景其实关系不是非常大。大概率上，任何人在购买某一种产品的时候，都会进行相关的比较，最后选择一个他认为合适的平台进行购买。这种购买行为和他是不是你的粉丝，有没有关注你，没有特别必然的联系。

2. 什么是真正的私域运营？

既然有这么多形式都是"伪私域运营"，那么私域运营的真正的表现是什么？私域运营又有什么特征呢？

我们可以看出，触达、社群、小程序实际上都是可以和粉丝直接建立关联的方式，它们都可以被称为私域运营的"呈现形式"。但从个人品牌私域运营的角度来说，任何一种的私域运营呈现形式，如果缺乏了"运营"，都会显得十分空洞。私域运营的核心关键在于运营，任何没有运营的"呈现形式"都会逐渐失去活跃度，最终成为一种摆设。

因此，从私域运营的角度，我们给"私域运营"两个核心的特征定义，分别是"互相赋能""自裂变"。只有满足了这两个基本属性的私域运营，才是真正的有运营结果的私域运营。

◎ 互相赋能

很多人认为，建立私域运营的目的，就是在社群里卖货，这是对私域运营非常错误的认知。卖货哪里不能卖？淘宝、小程序、微信一对一、抖音都可以作为卖货的平台。

既然这些地方都可以卖货，那为什么还要拉群卖货呢？因此，私域运营一定是一个有"沟通回路"的运营场景，即便是私域卖货，我们也希望能通过私域运营得到第一手的用户反馈。

这时候，"用户反馈"就是粉丝对我们的赋能，这种赋能可以让我们第一时间得到反馈信息，能够第一时间对产品加以改正，这就是一个最简单的"相互赋能"。

我们一定要记住，一旦建立了一对一的沟通关系，维护这种关系最好的方式就是"相互赋能"。

◎ 自裂变

我们在个人品牌的私域运营中，都会面临这样一个问题。

私域成员愿不愿意把你的产品分享给其他人？触发这种分享的要素是什么？如果你回答这个问题的答案是"佣金"，那就说明你的私域运营还没有找到门道。

成熟的私域运营的第二个标志，是自裂变。

而决定"自裂变"的要素，绝不仅仅是"佣金"。一旦你的私域运营能够达到自裂变的状态，这就说明这个私域组织在文化、产品、架构、模式等方面都已经进入了相对成熟的状态。

3. 私域发展的四个核心阶段

既然私域的核心在于运营，那么私域的运营分几个阶段？每一个阶段的标志性特征又是什么呢？

◎ **认识（持续的公域引流）**

进行私域运营的前置条件是要有从公域持续引流的能力。公域是大海，私域是自己的蓄水池。引流要持续做，跟私域运营池用户循环起来。

一般情况下，我们需要有一个专业的 IP 形象，通过不断的内容输出，让粉丝愿意和你产生联系，进入你的私域运营体系。

◎ **认可（持续的客户培育）**

粉丝进入你的私域运营体系之后，你就已经可以和粉丝建立一对一的联系，那么接下来就是通过不断的客户培育去促成后续转化。你需要在粉丝面前有一个非常真实的展示，要重视粉丝意见，和粉丝保持活跃的双向沟通。

在这个过程中，如果你发现你的粉丝和你沟通积极，短视频经常点赞，直播也会常常捧场，那就基本标志着你已经获得了粉丝的认可。

◎ **信任（粉丝对你产生付费）**

建立信任的标志，一定是付费。

而付费信任是怎么建立起来的呢？建立付费信任有三个核心关键。第一，专业的人设形象和长期的内容输出，一定要让粉丝觉得你专业、对他来说很有用。第二，要坚持不断和粉丝进行长期沟通，个人品牌是一个人格化的品牌，人就是活的，一定要让粉丝感受到个人品牌作为一个"人"的真实存在。第三，一定要有有竞争力的产品，产品没有竞争力，沟通建立得再多，也是徒劳。

◎ **自裂变**

自裂变的本质是存量带增量，必须要有一定的存量粉丝才能做。通过做好产品和服务在粉丝心中产生好的口碑，再配以一定的营销动作，就能达到好的效果。

每个粉丝都很珍惜自己的人设，因此设计裂变一定要遵循社交货币的原理。必须能体现分享者的社交价值，让粉丝能够给他的朋友带来价值。

第二节　私域运营是个人品牌的基本盘

私域运营对个人品牌的发展是非常重要的，毫不夸张地说，私域运营就是个人品牌的基本盘。在这个基本盘里，个人品牌、粉丝、盈利模式都发挥着重要的作用。

1. 重新认知粉丝

到底什么人是你的粉丝？这个问题你有答案吗？

可能有很多人会回答，在抖音上关注我的人，都是我的粉丝，但真实情况真的是这样吗？

必须清楚地认识到一点，抖音是个平台，是个工具，因此，抖音必须用一个简单的，可以直接描述"相互关系"的动作来定义粉丝。"关注"就成了这个所谓的可以定义"粉丝"关系的动作。

但是，点击"关注"那一下的原因有很多，有人可能喜欢你，有人可能仅仅喜欢你的段子，更有甚者，可能是仅仅因为手滑。这些都和"变现"没有直接的关系。举个简单的例子，如果你是一个知识博主，每天在直播间里给大家分享如何记单词的知识内容。但如果有一天，你直播间里的人，发现有一个老师比你讲得还要好，他们是不是马上会"改换门庭"？

很遗憾，我们面对的所谓的"粉丝"，有两大鲜明特征。第一，极不忠诚。第二，很喜欢占便宜，很难满足。这就是我们面临的现状。

因此，我们必须从私域运营的角度，重新定义"粉丝"，对于个人品牌来说，只有达到了"信任阶段"，并且产生了付费的粉丝，才是真正意义上合格的粉丝。为什么很多主播要求一定要先点粉丝灯牌再说话，这就是对这种定义粉丝的原则最简单的执行方式。

2. 私域运营是个人 IP 的基本盘

为什么一定要做私域运营？私域运营对于很多个人品牌的运营来说，就是基本盘。这是一个基本原则。

为什么私域是基本盘？

很简单，顶尖的产品是不需要私域的，粉丝会自己持续不断地购买。而正是因为我们大部分人做不到能够拥有一个"顶尖"的产品，所以，我们需要私域运营。

私域运营的意义，就是让你能够拥有一个基本盘，实现用户的沟通和产品的销售。私域运营可以及时地反馈产品的使用情况，帮助我们持续不断地改进产品。

再次强调一下，私域运营不一定是以"社群"的形式呈现，朋友圈、短视频、公众号、直接一对一的沟通都是私域运营的呈现方式，私域运营重在"运营"，而非"形式"。

3. 私域运营盈利方式

私域运营达到一定阶段，就可以通过商业项目的方式进行变现，对于个人品牌来说，私域运营有这三种盈利模式可供选择。

◎ 产品变现

大部分个人品牌建立自己的私域运营，就是希望通过在自己的私域运营当中售卖产品实现变现。个人品牌通过在自己的私域运营池当中，对自己的产品进行推广，引导客户下单购买，并促使用户二次消费，这是私域运营最直接的变现方式。

使用产品变现一定要注意产品质量，不然就有可能会因为产品的质量出现问题面临各种退货退款的情况，给自己带来一些不必要的麻烦。产品变现的核心是复购，只有强大的产品力做支撑，私域运营才会产生源源不断的变现。

◎ **服务变现**

服务变现，也是私域运营的重要变现形式。

很多的教育机构、培训机构等都会建立自己的私域运营，通过在自己的私域运营当中向他人提供自己的服务来进行变现。

使用这种方式来进行私域运营变现，一定要注意自己的服务态度，良好的服务态度会让粉丝获得很好的服务体验，就有很大的概率下一次继续选择你的服务。

◎ **内容变现**

内容变现是私域运营变现中相对比较高段位的操作办法。内容付费、知识主播、学习培训班都是内容变现的方式。

但这种方式对个人品牌有比较高的要求，你必须有十年八年的硬功夫，并且把自己的内容体系做一个系统的梳理，开发出有竞争力的知识产品，才能真正把内容变现做好。

第八章

抖音短视频运营

第一节　明确抖音的商业价值

如何才能真正在抖音上抓到机会？抖音看起来貌似机会很多，但真正能抓住这个机会的人是非常少的。那么抖音到底应该怎么做？做抖音之前应该做哪些准备工作？爆款内容到底应该如何进行设计？抖音账号又应该如何运营？

1. "粉丝"——数量不是最重要的

创业者应该清楚地认知到，短视频时代对所有的创业者最大的考验到底是什么。如果连这个都不知道，那抖音创业一定不会成功。

抖音创业者最大的考验是粉丝数量吗？

一定不是粉丝数量，抖音对创业者最大的考验，一定是流量的变现效率。如果你所吸引的粉丝，没办法为你买单，这样的粉丝你吸引得再多也没有任何用处。

粉丝在某一个瞬间点了对你的关注，可能仅仅是因为对你的某一个视频感兴趣，也可能是对你这个人感兴趣，甚至也有可能仅仅是因为手滑。所以，粉丝数量并不能成为我们在抖音上创业的主要指标。

粉丝买单，以及与粉丝买单相关联的各种指标，例如客单价、复购率，才是我们应该关注的主要指标。

千万不要把自己做成了"粉丝一大堆，产品无人问"的账号。

◎ 猫宴肉干猫粮

粉丝不到 4 万，每个月变现百万以上，400g 肉干猫粮客单价是 149 元。这是猫宴肉干猫粮的创始人荣哥给出的答案。

　　垂直的定位、精准的内容、超级的产品、全网的店铺覆盖和常态化的直播，这是荣哥和他的肉干猫粮能够有如此出色的营销表现的核心要素。

　　这可能是抖音创业成功的案例之一了。

　　从猫宴的案例中不难看出，抖音是一个有完整体系的商业模式，流量只是其中的要素之一。要想在抖音成功创业，创业者需要完成这样一个商业模式的搭建。

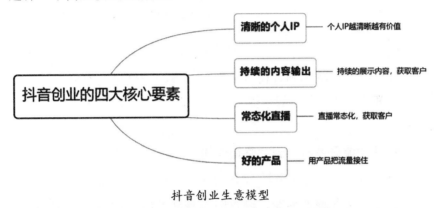

抖音创业生意模型

　　以上这四个方面的内容，在本书中都可以找到答案。这一节内容重点关注想做到持续的内容输出，需要从哪些方面下功夫。

　　内容输出一旦开始，就很难停下来。因此，想做好一个内容创业者，至少要做到"足够精准的细分领域""足够宽的内容积累储备""足够好的内容创作能力""常态化的内容输出"四个基本要求，否则，一定会遇到"内容枯竭"的问题。

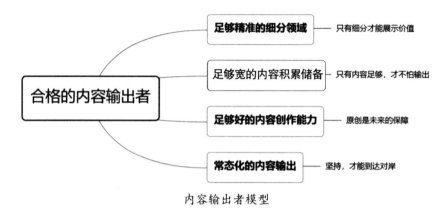

内容输出者模型

必须清楚地认识到，在抖音平台上做内容创业、做个人品牌，其实并不是一件很容易的事情。

2. 从"流量逻辑"到"营销逻辑"

今天的抖音，已经不是 2019 年、2020 年的抖音。

随着入局者越来越多，抖音的流量红利已经见底。当流量红利逐渐被瓜分，创富神话告一段落之后，大家应该用什么样的角度重新看待抖音呢？

应该认真思考抖音平台的现状。很多账号（剧情号、段子号、视频剪辑号）有能力吸粉没能力变现，直播投流效率越来越低，消费者变得越来越挑剔，直播带货对供应链的要求越来越高，物美价廉几乎要成为直播带货的标配。

5 月的某个上午，在神狼文化的一间办公室内，创始人阿诺突然坐直了身子，语气认真地说，"我认为我们现在就是在苟延残喘"。在阿诺看来，即使已经孵化出了"莫邪""田小野""灵魂化妆间""外卖界的黄小明""林夕蔓"等多个千万粉剧情号，公司成立到现在拍摄的上千条视频中，仍没有一条让自己满意的，"60 分的都不多"。

阿诺为什么会有这样的感慨？

管中窥豹，可见一斑。凡此种种，都在清楚地指向一个现实，抖音的"流量红利"已经见底。如果连行业的顶流公司都认为变现很难，那这个问题已经不是某一家公司的问题了，而是整个行业的问题。

在未来，抖音创业者们还能选择哪些赛道？

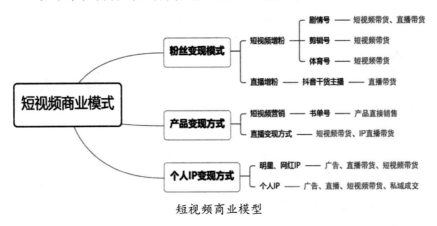

短视频商业模型

基于个人品牌（人设）的营销方式是一个解决当下问题的合理选项。个人品牌可以让我们更具有温度，可以让我们更好地和消费者交流、沟通。个人品牌的打造是一个系统的营销体系，因此，我们必须在"营销逻辑"下，重新看待抖音的创业环境。

3. 抖音是最好的精准获客平台

要想做好抖音，就必须知道，抖音的商业逻辑到底发生了哪些变化。

前几年的抖音更多地被定义为泛娱乐的内容平台。因此，各个方面的内容，都有一个可以跑马圈地的红利期。而红利期结束之后，这种机会已经不复存在，因此必须用新的视角来重新看待抖音。

新的视角是什么？抖音本质上依然是一个泛娱乐的内容平台，但从实际的应用意义出发，今天的抖音，更像是一个"精准获客"的营销平台。

为什么这么说？抖音的第一个红利阶段是粉丝变现。考虑到这种方式在未来会越来越难，竞争也会越来越激烈，我们必须找到一个效率更高的营销方式。我们更需要基于准确"目标群体"的精准营销，而抖音的 7 亿日活用户，以及相应的营销工具，也足够支持我们完成这样的商业定位和布局。

我们应该从"流量时代"快速地过渡到"精准营销时代"。

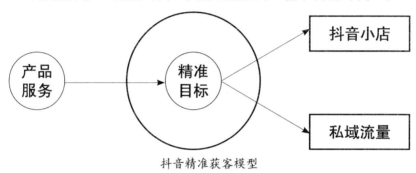

抖音精准获客模型

所谓"精准营销"，就是指策划好产品和服务，圈定好目标群体，针对目标群体设计出一套完整的营销方案，定向地推广给目标群体，从而获得最终的商业成果的过程。

自从抖音开始火爆，我们在越来越多的细分领域看到了平凡人的逆袭成功。仅仅以英语在线教育为例，最厉害的雪梨老师，半年卖课狂揽2600 万元。除此之外，英语丛老师 614.1 万粉丝，快学英语 Emily 老师684.6 万粉丝，Kristin 英语老师 181 万粉丝，也都是很好的例子。

抖音作为一个去中心化算法的流量平台，最大的好处就是能够给创业者匹配到最精准的人群。要知道，中国是一个有着 14 亿多人口的大国，任何一个细分市场机会带来的都会是巨大的体量。当然，想要做到头部其实并不容易。但不管怎么说，找到自己的细分领域，做好内容，就会有一个潜在的爆发机会。

第二节　流量池、算法、内容

为什么我的短视频，上不了热门？

这是每一个抖音创作者都很关注的问题，也是大家都在面临的普遍问题，去网上搜索这个问题的答案，各种回答也是五花八门。我们要想找到这个问题的答案，就必须要知道，什么样的短视频才能够上热门？

要解决这个问题，必须深刻地理解三个概念：流量池、算法和内容。

1. "去中心化" 的流量池

为什么抖音能够给创业者提供相对公平的机会？答案就在流量池上，抖音的流量分配是去中心化的，相对于中心化的流量平台，抖音的先进性是显而易见的。

在微博、公众号的时代，如果没有粉丝的话，我们发的内容就不会有人看。因此在那个阶段我们所要面临的第一个问题，就是推广吸引粉丝，只有用户关注我们，我们才能给用户推送内容。

而抖音完全不一样。我们拍的任何一个视频，无论质量好还是不好，发布了之后一定会有播放量，从几十到上千都有可能。也就是说，每个人都能公平地从抖音获得流量，抖音会根据算法给每一个作品分配流量。之后，抖音会根据我们的数据表现，决定是把我们的作品推送给更多人，还是就此打住。

抖音的算法让每一个有能力产出优质内容的人，得到了公平的机会。

抖音流量池级别	推荐用户数
首次曝光	500
二次曝光	3000
三次曝光	1.2 万～1.5 万
四次曝光	10 万～20 万
五次曝光	40 万～60 万
六次曝光	200 万～300 万
七次曝光	700 万～1100 万
八次曝光	3000 万以上

抖音倒三角的流量池

没有必要太计较到底每一个流量池具体的数据是多少，具体的流量池数据，也会因为整体平台流量情况、算法的不同、账号权重的不同发生变化。

2. 算法

理解了流量池，接下来还需要理解算法。抖音的算法实际上是一套非常复杂的 AI 系统。为了能够让更多人理解抖音算法，本书对抖音算法做了相应的简化与抽象。简单来说，可以把视频从上传到推荐结束分为视频投稿、数据对比、流量池推荐三个阶段。

◎ 视频投稿

我们可以把抖音想象为一个巨大的电视台，只不过这个电视台是根据每一个用户的喜好，去推送节目的。而这些节目的来源，就是每天视频创作者的投稿。假设每天在抖音上有 100 万人上传短视频，进行投稿，抖音会随机给每个短视频分配一个平均曝光量的基础流量池，这个流量池的播放量是 500 左右。

◎ 数据对比

抖音会对这 100 万个短视频的 500 次曝光，从点赞、关注、评论、转发四个维度进行数据对比。这四个维度，就是判定一个视频是不是好视频的核心指标。

◎ **流量池推荐**

上述指标表现比较好的视频，会被挑选出一部分进入下一个流量池，并且会被分配到更多的流量。然后再去看哪些是点赞、关注、转发、评论表现比较优秀的视频，进行更大的流量推荐。

3. 内容

理解了"流量池"和"算法"，再来谈内容。一句话，符合算法的内容，才是"好"内容。

什么样的内容能够上热门？满足算法的内容才能够上热门。在内容创业的早期阶段，去适应平台的"算法推荐"规则，是一件很重要的事情。

单纯从流量的角度来说，能够适应算法的视频，别管内容多烂，都有上热门的可能性。不能适应算法的内容，不管有多好，也没有任何成为热门的可能性。

必须清楚地认识到，内容的好坏，并不是以创作者的主观意愿作为评判标准的，而是要高度符合算法的要求，才能成为流量的赢家。

点赞、关注、评论、转发，是核心数据。

第三节　什么内容能够产生流量和变现

很多内容创作者，尤其是知识型的内容创作者，往往会认为，把问题说明白、讲清楚，这就是好的内容。这是好的出发点，但这个出发点并不一定符合平台的算法逻辑。因此，这种视频的点赞、关注、评论、转发数据往往不会太好。

1. 引人关注的新闻性内容

优秀内容的核心点其实并不是这件事情你说得多么好，多么有道理。请记住，内容一定要引发关注、引发争议，只有这样，才会产生流量。

新闻学里有一个很经典的论述，叫作"狗咬人不是新闻，人咬狗才是新闻。"

2. 有代入感的共鸣性内容

来看两个文案。

"为什么99%的人创业都会失败？是因为99%的人创业都是源于一个想法，而想法和商业项目中间，还有很大的差距。"

"我并不赞同无差别地去激励年轻人创业，尤其是单纯地以财务为诱饵的创业动机，用巨大的金钱激励出来的贪婪的人性，会让人忽视掉这本来就是九死一生的道路。"

哪一个"代入感"会更好？显然是第二个"代入感"更好。其实这两个文案讲的是一个道理，但明显第二个文案的"代入感"会更强。第一句，我并不赞同无差别地去激励年轻人创业（很多年轻人自己代入场景），尤其是单纯以财务为诱饵的创业动机（绝大多数人都是如此），用巨大的金钱激励出来的贪婪的人性（一枪击中），会让人忽视这条本来就是九死一生的道路（结果）。

场景代入是有逻辑的。一般来说，先否定一个主流的现象、价值观或者行业现状，然后强化这种现象的动机，一句话概括主要危害，最后总结得到结论。在论述的过程中，一定要有足够的数字、形容词，能让观众更快地进入感觉，后边的内容大家就都会听下去。

3. "流量起飞"的变现内容

前两种的内容方式，都是从内容本身的角度来探讨哪些内容可以自带流量，当把视线从内容转移到用户的时候，还可以获取一种新的方式，就是如何从用户需要的角度来策划内容，让内容更具流量。

◎ 目标用户分析

在确定好自己的输出方向之后，我们要问自己两个问题：一是，视频要给哪些人看？这个问题圈定了视频的受众群体，这个群体一定要清晰明确；二是，这些人群喜欢看什么内容？这个问题确定了目标群体的兴趣标签。

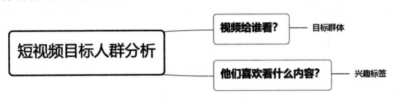

短视频目标人群分析

◎ "变现"内容的设计逻辑

当明确了目标群体，以及他们喜好的兴趣标签之后，我们就可以开始策划内容方向了。

内容方向是由什么构成的呢？内容方向是由目标群体、兴趣标签和商业目标共同构成。目标群体和兴趣标签我们已经明确了，商业目标是什么呢？商业目标就是做这个短视频的变现目标。

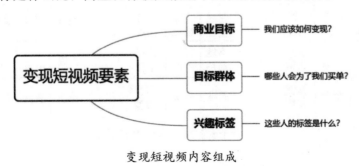

变现短视频内容组成

◎ "标签分解"——九宫格内容创意法

九宫格内容创意法，是一个非常好的针对目标群体输出精准内容的逻辑模型。

首先把商业目标进行标签分解，我们想要卖什么？我们想卖的东西都有什么特征？然后把目标人群进行圈定，我们这个产品要卖给谁？都是哪些人群可以购买我们的产品？最后我们对目标群体的兴趣标签进行确认，这些人对什么感兴趣？

	商业目的	

你要卖什么？

	目标人群	

你要卖给谁？

	兴趣标签	

他们对什么感兴趣？

九宫格内容创意法

有了这个九宫格，就可以针对目标群体的兴趣爱好，结合产品的特征，直接命中痛点进行组合输出。

以本书《一抖千金》为例，简要讲述如何用九宫格内容创意法进行内容创作。当本书付梓之后，也需要创作一系列的短视频进行推广，按照九宫格内容创意法的逻辑，我们对整个变现路径进行了标签拆分。

系统讲解	0-1打造IP	全行业
打造技巧	一抖千金	底层逻辑
避坑	专业	案例分析

传统企业	个体创业	抖音创业
本地商户	目标人群	公司运营
宝妈	学生	互联网转型

赚钱	涨粉	破播放
引流	兴趣标签	转化
带货	直播	网红

《一抖千金》的九宫格内容创意

1.《一抖千金》这本书有什么内容

这本书系统地讲解了个人品牌从零到一的打造过程，适合所有的抖音创业者阅读，《一抖千金》中有大量的基本原理讲解，是一本讲底层逻辑的书，能够帮助创业者有效规避创业风险，以最快的进度在抖音拿到结果。

2.这本书适合谁看

想转型的传统企业、个人创业者、本地商户、公司的抖音运营者、宝妈创业者、学生创业者和互联网转型者等。

3.这些人有什么兴趣诉求

希望能够通过个人品牌的方式在抖音赚钱变现，希望能够搞好直播、引流、涨粉、转化，希望自己能够成为网红，带货变现。

能够得到什么内容方向呢？

标签组合	内容方向
系统讲解、全行业、变现	系统讲解，各行业如何通过个人品牌的方式引流变现。
案例、宝妈、爆粉	用案例告诉你，宝妈如何通过个人品牌在抖音爆粉。
运营者、个人品牌、爆粉	运营者不知道的如何通过个人品牌在抖音获取精准粉丝的方法。
宝妈、避坑、个人品牌	宝妈在抖音做个人品牌，要避开哪些坑？
传统企业、个人品牌、0-1	传统企业老板必须要知道的个人品牌从 0 到 1 的过程。

虽然略有标题党之嫌，但这种方法能够让内容方向变得非常垂

直，吸引的目标群体也会非常精准，变现效率也会更高。

需要提醒大家注意的是，这三种内容方式虽然都是获取流量的大杀器，但它们并不是相互孤立的，在内容创作中都可以相互借鉴、相互融合。

第四节　爆款短视频方法论

爆款短视频，是因为它高度符合了抖音的要求，才能成为爆款。从这个角度来说，爆款短视频一定有它的底层方法论。

简单来说，短视频能不能爆，取决于两个方面。一是短视频内容是不是粉丝需要的，这会决定内容有没有人看。二是短视频的结构设计能否引发流量池推荐，也就是说，能否使用一些技巧，让短视频能达到触发流量推荐的数据指标。

我们把爆款短视频的方法论，归纳为以下四个核心要素。

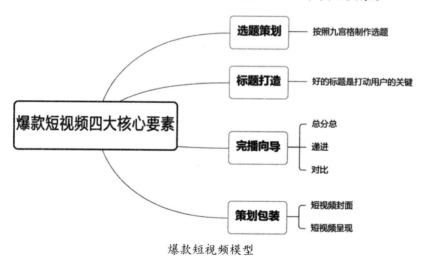

爆款短视频模型

1. 选题策划与内容结构

一定要做选题策划，最好在开始做抖音之前，按照半个月的内容量进行储备。

做短视频最忌讳的就是临时起意，没有经过缜密的思考和策划就开始输出内容。这样会让我们的内容输出没有连贯性，会极大地影响用户的阅读。花一点时间把整个内容框架整理好，会起到磨刀不误砍柴工的效果。

以一个知识主播为例，看一下应该如何去评估选题，确认选题。我们在上一节的内容中介绍了自带流量的九宫格选题法，我们可以根据九宫格选题法提出选题，进行评估分析。

抖音选题评估表

选题名称		
选题日期		
痛点分析		
场景代入公式	（独特观点）＿＿＿＿＿＿＿＿＿＿＿＿＿＿＿＿＿ （强化动机）＿＿＿＿＿＿＿＿＿＿＿＿＿＿＿＿＿ （直击危害）＿＿＿＿＿＿＿＿＿＿＿＿＿＿＿＿＿ （给出结论）＿＿＿＿＿＿＿＿＿＿＿＿＿＿＿＿＿ 短视频内容能不能成功，关键就在这四句话。	
如果你是观众，你愿意看吗？	愿意	不愿意

一定要对痛点进行清楚的分析，以免自己做的东西又是主观臆断，不痛不痒。确认完痛点之后，要对整个内容进行结构划分，一般来说，否定主流观点，然后直接给出动机，讲明危害，最后给出一个结论，就是一个不错的结构。

最后一个关键点，问一下自己，如果你是观众，你愿意看这个内容吗？可能很多人会觉得这是没有必要的一问，都会在"愿意"这一栏打钩。但没有关系，至少经过了这个策划的过程，思路会清晰很多。除此之外，也可以把这个选题评估表拿给朋友、同事一起看看，或许有不一样的收获。

2. 短视频的"315 法则"

3 秒钟会决定短视频能否完整地被播放，在这 3 秒钟里，有两个事情很关键，一个是封面，另一个是标题。这里要应用一个非常重要的"315"法则，这个法则一定要好好学习，因为在后边的很多地方，都要用到这个法则。

封面：3 秒钟，吸引住你的用户

短视频的脸就是封面，封面设计得好，就会吸引住用户的目光，建议找一下专业人士进行设计。一般来讲，封面需要满足以下要求。

封面要素	具体要求
整体画面	注意画面要清晰且完整，不要出现压缩变形的现象
重点内容	画面要有侧重点，重点要突出
图文结构	图片和文字结合时要注意相符合，不要偏离主题
排版要求	封面的排版布局要层次分明，不要与封面中的其他元素相互阻挡
文字呈现	所有文字要清晰养眼，能够提炼出关键的内容
尺寸比例	注意尺寸比例保持 4：3

标题：15 个字（以内），锁定你的用户

标题直接决定观众能不能明白你的内容是讲什么的，所以，起一个好的标题，就是瞬间抓住用户的关键动作。标题创作的方式有很多，但总结起来可以分为以下几类。

标题类型	使用场景
以"利"诱人	一般是品牌方或者商家的促销内容，直接指明利益点
	举例：PPT效果这么做，老板立马给你涨工资！
以"新"馋人	把握人们对新鲜事物的兴趣，制造出具有新闻价值的内容
	举例：报复性消费终于来了？奢侈品店就像大卖场！
以"情"动人	用"情"制造悬念，激发读者猎奇心理
	举例：为了这个店铺，男朋友和我闺蜜跑了
以"事"感人	用故事性的标题，引发读者关注
	举例：那些年，这些套路你见过吗？
以"悬"引人	用悬疑剧情引发读者关注
	举例：是什么让他彻底走向了不归路？
以"密"迷人	用解密的方式引发读者的关注
	举例：小心被宰！低价做网站的惊天秘密！
以"险"吓人	用提示风险的手法吸引读者对内容的关注，让人产生危机感
	举例：20岁的人80岁的心脏！
以"趣"绕人	将标题变得活泼俏皮，恰当运用修辞手法，令观看者回味无穷
	举例：有了它，打得火热也不会出汗了

3. 设置"完播向导"，指引用户完成完播

关注、点赞、评论、转发，重要吗？重要，但完播才是平台真正想要的核心指标。道理很简单——关注、点赞、评论、转发这些指标只是用户对短视频内容的评价，而只有完播率才是对平台最有意义的数据，因为完播率意味着你有能力让用户把时间停留在抖音上。

所以，完播才是最重要的。如何能够完播？我们需要在内容里埋设一个"完播向导"，用"完播向导"的力量帮助用户去完成完播。

什么是"完播向导"

完播向导，顾名思义就是在内容中埋藏一个逻辑主线，让这个逻辑主线引领观众一步一步完成观看。

人们的心智是讨厌复杂信息的。因此，在视频开始的时候就告诉观众内容的结构框架，有助于提高完播率。当然，跌宕起伏的内容结构也是完成完播的有效办法，但这个办法对于小白来说，创作难度太大，不建议直接尝试。

◎ 131 向导

把开篇用观点引发兴趣当作 1，然后用 3 个支撑点去支持你想说的这个观点，最后的 1 是给出结论。

◎ 对照式向导

对照的方式就是一正一反的内容形式。例如先给出一个对立的观点，分别从两个方面讨论可能性。象棋的内容分析，就是典型的对照式内容。如果没有对照的各种走法的分析，象棋的分析就会显得索然无味。

◎ 递进式向导

递进式的作业难度相对较大，比较适合成熟的内容生产者。递进式就是逐层分析、逐层加码，需要有比较强大的内容能力和表达能力，不建议初学者尝试。

4. 完善场景风格，完成分镜头策划

要在短视频日常工作中不断打磨、确定自己的场景风格。场景风格要尽量保持统一，如果有条件，尽量能够有一个超级符号，便于观众对你建立认知。

分镜头策划

简单来说，没有分镜头的脚本就是盲目瞎拍，摄影师和剪辑师也会很迷茫。可能会出现拍了一大堆素材，但是到后期却都用不上的情况。

给大家提供一个简单的分镜头脚本策划表。

镜号	景别	拍摄方式	时长	画面	音乐	服装道具	场地

第五节　如何能够快速增长精准粉丝

在完成了个人品牌的整体搭建，明白了如何去做有变现能力的内容之后，接下来我们来关注一个重要指标——粉丝。尤其是在看到了太多的粉丝，但变现能力不行的账号之后，我们考量粉丝这个关键指标的要求又要前进一步，从粉丝到精准粉丝。

1. 如何定义精准粉丝

什么叫作精准粉丝？精准粉丝有三个关键特征：第一，能够购买我们的产品，可以为我们付费；第二，能够给我们传播，带来更多影响力；第三，能够给我们带来更多的人脉和资源。

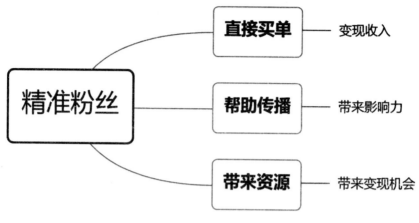

精准粉丝模型

精准粉丝必须要满足这三大特征的其中之一，要么能给我们带来直接收入，要么能帮助我们带来影响力，要么能够给我们可以变现的资源，如果粉丝不能满足这三个条件中的任何一个，则和这种粉丝发生连接是没有任何意义的。

为什么很多娱乐账号不能变现，就是因为他们的粉丝只喜欢看他们的段子，一涉及卖货这个层面的事情，全都跑了，所以变现能力非常差。

我们是没有时间伺候不买单的粉丝的。

精准粉丝在哪里

现在的抖音，已经是一个彻底的精准营销的平台了。抖音能找到精准粉丝的方式方法有很多，但最好的方式有两种——人群画像和相似达人。

如果你所在的是一个比较宽泛的赛道，例如美食、教育、美妆这些领域，那么通过标签进行人群画像的投放是一种很好的方式。但如果你所在的赛道没有这么宽泛，是相对比较专业和垂直的赛道，那么相似达人，一定是不二的选择。

粉丝能关注别人，为什么不能关注你？这是每一个想做个人品牌的人，都应该认真思考的问题。要么是你的定位没有办法给用户带来价值，要么就是你的内容出了问题，要么就是你的展示没有吸引性。

瞄准精准对标，才能更高效地收获粉丝。

所有运营的核心工作，就是要找到精准粉丝，影响精准粉丝，转化精准粉丝。明白了这个逻辑，我们在吸引粉丝的时候，才能够做到有的放矢，高效直接。

2. 精准粉丝是如何增长的

转粉，是一个什么过程呢？

正常情况下，一个普通的用户在刷抖音的过程中，往往会刷到一些他感兴趣的内容，当用户感觉到内容很好，往往会来到这个账号的主页上看看，一方面看看主页内容认识一下博主，另一方面想再看看还有没有其他更好的内容。

因此，转粉分为三个阶段：第一阶段，生产内容做精准投放。第二阶段；吸引粉丝到主页浏览；第三阶段，持续不断地通过短视频或直播稳定粉丝。

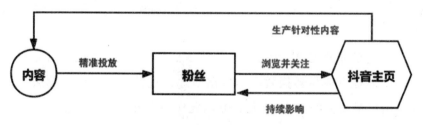

粉丝增长模型图

决定能不能吸引到更多精准粉丝的核心，只有内容。内容好，当然能够吸引到更多的粉丝，内容不好，转化率自然就不行。我们应该如何去规划，才能获得更多精准粉丝呢？

3. "钩子内容"与"锤子内容"

我们必须清楚地认识到，吸引粉丝来主页的内容，和留住粉丝并关注我们抖音号的内容是不一样的，这两种内容的差异是非常大的。

我们把吸引粉丝来到主页的内容，称为"钩子内容"，把帮助我们完成"转粉"工作的内容，称为"锤子内容"。

内容类别	作用	特征
钩子内容（散点）	引发粉丝关注，吸引粉丝来到主页浏览。	30秒～45秒，一定是用户十分关注的话题，并且给到解决方案。
锤子内容（系统）	能够留住粉丝，引发粉丝关注你。	45秒～1.5分钟，深度内容，能够让用户有收获感。

◎ 钩子内容：爆款吸粉内容的打造（最关键的散点内容）

钩子短视频的作用，就是让自己的短视频能够上热门的爆款内容。

一定是你的用户，十分关注的话题！只有这样，才能一击命中，大幅度地提升流量转换效率。根据前边讲过的"九宫格选题法"，选取用户最关注的 20 个主题，并以此作为内容生产的原点，去做短视频。

主题是非常关键的，这个决定了我们能够调动粉丝多大程度的热情。主题的紧迫性越强，粉丝参与的积极性越高，短视频的完播点赞数据就越好。

另一个爆款主题的万能公式：

"现状＋风险＋原因＋解决方案＋记忆点＋彩蛋"也是爆款主

题的万能公式。例如，孩子不吃饭，有可能影响身体发育，多半是因为零食吃多了，教训一顿就好了，教训时选好地点来我的主页，教你教训孩子的新姿势。

孩子不吃饭是现状，有可能以后影响身体发育是风险，原因是零食吃多了，解决方案是教训一顿，教训时选好地点是记忆点，来我主页，教你教训孩子的新姿势是彩蛋。

◎ 锤子内容：锁定粉丝的内容打造（最关键的系统内容）

什么是锤子内容？锤子内容就是能够把粉丝钉在抖音账号上不走的内容。锤子内容一定有连续性、系统性，能够真正地帮助用户解决一部分问题。

粉丝来到我们的主页，只是有了成为我们粉丝的可能性，并不意味着一定会成为我们的粉丝。因此，需要强化"主页五件套"和"锤子内容"，建立好足够的信任，让粉丝马上关注我们。

满足粉丝的内心期待

任何一个人来到你的抖音主页，或多或少，他的内心都是有某种期待的。如果他在你的抖音主页上，看到了他希望看到的内容，他就会毫不犹豫地成为你的粉丝，如果他在你的抖音主页上没找到他想要的内容，那他很大的概率，就是刷刷就走了。

粉丝内心期待什么？他肯定是在期待一个答案，一个能够解决他困惑的答案。

因此，我们的抖音内容上，一定要有一部分系统性解决某些问题的答案。这样的话，就能给用户充足的关注你、成为你的粉丝的理由。

例如，本书作者张驰老师的抖音账号上有一个"5 天零基础打造个人品牌"的合集内容，这个内容就让账号获得了接近 70% 的转粉率，10 个人来到张驰老师的主页，7 个人会成为他的粉丝。

4. 精准粉丝的流量效率测试

当明白了"钩子内容"与"锤子内容"在粉丝获取过程中所扮演的不同角色，我们就可以有针对性地生产内容，然后进行有针对性的投放。在这个过程中，要针对以下的四个关键指标不断地优化调整，直到达到我们满意的状态为止。

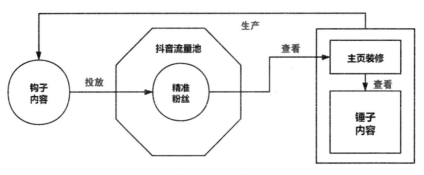

流量效率测试模型

◎ 指标1："钩子内容"生产质量

"钩子内容"的质量，就是指前端的爆款吸粉内容够不够精准，如果我们的短视频内容都没办法突破500的播放，可能永远都没办法吸引来精准粉丝。因此，按照本书所提供的"九宫格选题法"和爆款内容的结构认真做选题，拍视频，强化"钩子内容"的质量，才能突破流量瓶颈。

◎ 指标2："钩子内容"投放精准度

"钩子内容"投放的精准程度是第二个关键指标，前期建议直接投放达人相似。投放的时候一定要把20个达人全部选满，这样可以保证投放所花的钱不会浪费。

◎ 指标3：主页装修吸引程度

个人品牌定位的精准程度，是决定粉丝能不能留下的核心关键。我们不要去看现在已经做得很好的大V，因为时代不一样，能够突破的办法也不一样。因此，最好按照本书所提供的个人品牌的打造方法，全面、系统地完成自己个人品牌的搭建，等待粉丝的到来。

◎ 指标4："锤子内容"的锁定能力

如果粉丝到了你的主页，没有发现他想要看的内容，内心的期望没有被满足，一定会失望地离开。这就意味着我们前期做出的所有努力，全部白费。

第六节　内容树，抖音的灵魂

在本书第二章，我们提到了把抖音做成"立体大名片"的营销思路，在本章内容中，我们又重点讨论了内容的基本逻辑。这一节的内容，我们重点讨论一下，抖音的"立体大名片"是如何通过内容形式具体实现的。

1. 为什么要有内容树

抖音是什么？

我们在第二章的内容中提到过，抖音就是你的电视台，那么内容树是什么？内容树就是你的节目表。

所有的抖音创业者一定要清楚地建立一个认知，现在的抖音已经不是三年前的抖音了，三年前的抖音内容匮乏，随便发一发内容就会有播放量。而今天的抖音内容非常内卷，准确地说，是各个赛道都非常内卷，想要让粉丝关注你，必须要给到粉丝一个充足的理由，而这个理由就是内容树。

电视台为什么要有节目表？没有节目表的电视台就是乱播，而没有内容树的抖音号也会不知道自己明天应该发什么内容。内容树的重大意义，就是让自己清楚地知道每天应该发什么内容，让粉丝清楚地知道他在关注的是一个什么样的抖音号。

2. 什么是内容树?

简而言之,内容树就是一套合理的内容规划,这套内容规划能够让粉丝清楚地知道这个抖音账号能够给他带来的价值,也能够让自己的抖音账号最大限度地发挥营销价值。

完成内容树设计的重要意义在于,你能够清楚地知道粉丝在看完你的抖音号之后会有什么反应,甚至你还能清楚地知道,你的粉丝在看完你每一条视频之后,是什么反应。

我们回到本书第一章米粒校长的案例,米粒校长为什么能够在这么短的时间里做出来这么好的业绩,她的内容树,是怎么规划的呢?

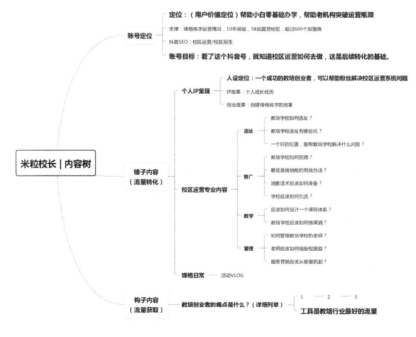

米粒校长的内容树

看了米粒校长的内容树，有没有感觉这个账号的内容设计丰满又具体？是不是让那些做校区运营有问题的人找到了解决问题的答案？如果他们想解决自己校区运营的问题，他们会不会去找米粒校长？

这就是一个有具体内容规划的账号，能够呈现的强大的粉丝转化能力，这也是抖音运营最关键的一个环节。

有没有清晰的内容规划，所呈现出来的效果，是完全不一样的。请你们一定要记住，哗众取宠获得流量并不是一件很难的事情，但是能够系统地输出内容，却不是一件容易的事情。

3. 抖音内容树的核心关键点

看过了米粒校长的案例，我们来总结一下，要做好抖音的内容规划，需要在哪些方面下功夫。

◎ **清晰的内容定位**

整天谈定位，到底什么是清晰的内容定位？

答案只有一个，你要清晰地知道，粉丝在来到你的抖音主页之后的反应。如果这个问题你没有答案的话，那就是你没有一个清晰的定位。比如，米粒校长的定位就是让教培行业的运营者，一看她的账号，就知道自己的校区运营应该如何去做。她把这句话提炼总结成为"帮助小白零基础办学，帮助老机构突破运营瓶颈。"这两句话，清晰明确地表达出了她的"用户价值"。

◎ **锤子内容强力转化粉丝**

强调一点，如果没有锤子内容的转化，流量做得再大也没有用。

米粒校长如果每天总是发一些内容，打击行业痛点，而不通过她的系统输出给出解决方案的话，那么她就会被认为只会"贩卖焦虑"。

粉丝为什么要关注你，最直接的原因是他能够在你的抖音号上，找到他所关注的问题的解决方案。如果一个粉丝来到你的抖音号，没有解决掉他的问题，那他为什么还要继续关注你呢？

因此，你的内容能不能接得住流量，是抖音运营最重要的考量。

◎ **钩子内容全网吸引精准流量**

把定位搞清楚，把锤子内容找好，这样你就可以通过"钩子内容"全网去吸引精准粉丝了。话题越精准，关注你的人就会越多，你的粉丝也会越来越多。

第七节　真正认识DOU+，提升吸粉效率

很多内容创作者，会在DOU+（抖+）如何投放的问题上产生困惑。这一节内容，一次性把DOU+这件事说清楚。

1. 什么是DOU+，DOU+可以帮助短视频上热门吗

DOU+是一款付费内容加热工具，就是抖音官方的广告投放平台，可以把视频推荐给更多潜在用户，大量提高视频的播放量与互动量。

但很多人并没有真正地理解DOU+，很多人看到DOU+的100元5000播放的流量成本之后，就花了100元钱做DOU+，最后只单单获得了5000播放量，并没有带来任何收益，便失去了信心。

DOU+到底应该怎么投？是投智能推荐还是达人相似？如何把有限的钱花在刀刃上？

首先要明确一点，DOU+并不能帮助我们上热门，如果说砸钱就可以让短视频进入更大的流量池，这对抖音平台来说一定是自掘坟墓的事情。

抖音平台本身，就是要靠优质的内容和创意，来尽可能地争取

更大的用户时长。如果花钱就可以让短视频进入更大的流量池，那么抖音平台上就会全部是人民币玩家和各种广告。

2. 短视频的"考试机制"

有的时候我们会遇到这样的情况，明明视频自然推荐已经停止了，投了 DOU+ 之后，真的就被推荐了，这是为什么呢？这难道不是投 DOU+ 就可以上热门吗？

为了更好地帮助大家理解 DOU+，我们在这一节，把抖音的推荐机制，做一个详细的说明。在之前的内容中，我们讲到了抖音的八次曝光的流量池，也告诉了大家，点赞、评论、转发和完播是能否进入下一个流量池的核心关键。

这只是一个最基本的理解，或者说，是一个站在创作者本身的理解。如果站在抖音的角度，就必须要考虑另外一个问题，在一定时间段，如果抖音能够识别的优秀内容很多，那么，这些短视频应该如何排序？

做一个形象的比喻，我们可以简单地把每一次流量池的升级，理解成幼升小、小升初、中考、高考。视频的每一次流量池推荐都等于参加一次升学考试，考试的分数高低直接会决定你是否有资格进入下一个流量池。

在升学考试中，除了有分数线的概念（点赞、评论、转发、完播），还有录取名额的限制（推荐的总数），而且每个专业（细分短视频的赛道）的招生名额（推荐的总数）也是不一样的。理解了这个道理，就会知道我们的短视频到底应该如何更好地使用 DOU+ 作为工具进行推广。

举个例子，比如你是情感类账号，在属于这个专业的 10 万级别流量池的招生中，分数线是 600 分，而招生人数只有 100 人。这就意味着抖音分配给情感赛道的 10 万流量池的名额，一共只有 100 个。

但由于报考的人数特别多，所以你的视频除了要分数上线，还必须在所有考到 600 分的 200 个视频中排到前 100 名，这样你的视频才有可能被推荐。而且是排到你前面的视频全部被推荐后才会轮到你，在此之前你就只能等着。

这就是为什么会看到有很多短视频，是在自然推荐停止了很久之后，才进入下一个流量池推荐。

3. DOU+ 的 "补考作用"

这和 DOU+ 有什么关系呢？

只有理解了分数线和招生名额的概念，才能真正理解 DOU+。

例如，假使在起初的 500 流量池的考试中，我们的互动率只有 3%，达不到 5% 的分数线，这种情况就会有两种原因，第一种是视频很烂，怎么考也不及格。另外一种就是视频是好的视频，但由于系统给匹配的 500 初始流量不够精准，造成了互动数据比较差。

如果是第一种情况，就要想办法提升视频质量。如果是第二种情况，是因为系统匹配的流量不精准导致了考试没及格。那我们就可以通过 DOU+ 申请 5000 流量进行补考，补考费是 100 元。

补考的成绩依然可以参加排名。如果我们的视频确实不错，而这次给的 5000 流量比上次更加精准，我们的视频就很可能因为补考成绩过关完成升学进入下一个流量池。

这就是 DOU+ 存在的意义。

之所以 DOU+ 偶尔会让我们产生能够把视频推进下一个流量池的感觉，其实是因为我们的视频本身质量过关，没有被推荐的原因只是考试没有发挥好，经过补考分数提高了，自然有资格进入下一轮推荐。

4. DOU+ 的"模拟测试作用"

有没有什么办法能够知道要不要补考呢？最好的办法，就是来一个模拟考试，对自己的整体水平有一个清楚的认知。

如何能够参加模拟考试呢？

模拟考试就是用 DOU+ 投放对标账号的相似达人推荐，首先我们要确定投放对象的粉丝画像和你的目标粉丝画像高度重合，然后投放 100 元 DOU+ 买一套卷子看看效果。

只要模拟考试的数据大于自然推荐的数据，那就说明视频的考试成绩还不错，此时大胆补考（投放 DOU+）就会有好的成绩。相反，如果模拟考试的数据也不行，那补考还有什么意义呢？这就是 DOU+ 的"模拟测试作用"。

最后总结一下，DOU+ 不能让短视频上热门，但是可以让我们对自己的视频质量有更清楚的认知。那些花了很多钱没上热门的创作者，都是平时没有好好学习的人，模拟成绩都很差，就是花钱补考，也不会获得更好的成绩。与其总是花钱补考，不如花点时间好好学习，认真复习，争取尽快取得好成绩。

第九章

抖音直播运营

第一节　个人品牌为什么要做直播

为什么要做直播？

这是创业者在开始直播之前必须要非常清楚的问题，如果弄不清楚这个问题的答案，或者对这个问题的答案非常模糊，那就一定做不好直播。

我们能看到的是，很多人都不知道为什么做直播，或者不了解直播到底能给我们带来什么样的好处。只是觉得直播是风口，就毅然决然地加入了直播大军，这种状况下，一定是耗时耗力没有结果的。

1. 个人品牌和直播有什么关系

首先必须明确这个问题的答案，才能知道个人品牌应该如何通过直播的方式变现。

现在做抖音，就是一个以个人品牌作为出发点，用内容获取用户的精准营销过程。因此，直播也就成为 IP 的一种内容形式，相对于短视频的长尾效应，直播则更加直接，互动场景更丰富。

我们需要用直播的方式，让我们的个人品牌与粉丝的互动更加直接；我们需要用直播的方式，向消费者更加清晰地展示我们的产品；我们需要用直播的方式，更加直接地在消费者心智里建立起对我们的认知。

这就是个人品牌与直播的关系。

不拼颜值、不靠尬舞，凭借着一口浓厚"蛤蜊味"的青岛方言就能当网红？对此，可能很多人都难以置信。其实，连这位"网红"自己都没想到，有一天会靠着说了几十年的家乡话，在抖音上火了。

他就是郝鑫，抖音上的"郝开心"，一位青岛 37 岁的奶爸。一年内斩获 130 万粉丝、1000 多万个赞，如果你经常刷抖音，那你对他一定不陌生。

2020 年底，郝开心开启了第一场直播带货，持续了四五个小时。"第一次直播带货，1100 多单，基本及格。"接这个带货商品之前，他去了企业几次，整个生产流程都走了一遍。

郝开心有自己的几条带货原则，首先必须是正规企业，其次必须得是真正合格、品质好的东西，最后，绝不会夸大宣传。

郝开心的带货产品，基本上都是青岛啤酒、流亭猪蹄和青岛老式烤火腿这样的青岛特产，因为他有一个"一口浓厚蛤蜊味"的青岛小哥的 IP 形象，宣传青岛、销售青岛的特产，就是最好的变现方式。

因此，直播实际上是作为个人品牌的传播和变现工具存在的，这也是我们要去做直播的出发点，所有的工作要围绕着传播和变现来做，传播就是内容，变现就是完成商业闭环。

2. 直播的变现方式

在开始直播前，一定要想好自己直播的定位，想清楚直播到底是为了什么，自己直播的变现方式是什么，千万不要为了直播而直播。目前主流的直播变现模式分为五种。

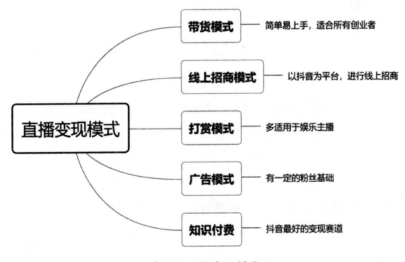

直播的五种变现模式

◎ **带货模式**

主播通过直播展示和介绍商品，让产品销售不受时间和空间的限制，并且可以让用户更直观地看到产品。用户看直播时可直接挑选购买商品，直播间以此获得盈利。

◎ **线上招商模式**

由直播平台提供技术支持和营销服务支持，企业可通过直播平台进行如发布会直播、招商会直播、展会直播和新品发售直播等线上活动，打造专属的品牌直播间。

◎ **打赏模式**

粉丝充值付费买礼物送给主播，平台将礼物转化成虚拟币，主播对虚拟币提现。如果主播隶属于某个直播工会，则由直播工会和直播平台统一结算，然后主播与直播工会再进行结算。

◎ **广告模式**

有一定粉丝量的主播可以通过广告模式变现。品牌方委托主播进行一些相关的宣传，主播收取一定的推广费用。在直播中可以通过带货、产品体验、产品测评、工厂参观和实地探店等形式满足广告主的宣传需求。

◎ **知识付费**

如果你在某一个领域有比较专业的研究，真正能够给粉丝提供价值，那知识付费一定是最好的变现赛道。对于知识博主来说，可以给粉丝提供诸如书籍、课程、社群等知识付费产品，这些产品不仅利润高、变现快，而且长尾效应明显，优质的知识付费产品能够很好地巩固主播的个人品牌。

3. 个人品牌的直播场，更是自己的"营销场"

为什么要重视直播？因为直播给我们提供了最便捷、最高效、最直接的连接用户的方式。

必须承认，从来没有一个时代，能让我们距离消费者、粉丝这么接近。传统零售里最困难的一件事——"渠道卖入"，在今天看来竟然如此简单。

每一个个人品牌的直播间，都是自己的"营销场"，即便是现在直播更多地被当成一种带货工具，但未来，直播在更多层面上将会逐渐显示出它作为个人品牌标配"营销场"的意义。

第二节 如何完整地策划执行一场直播

直播就是现场直播。

直播不是短视频，短视频一次拍不好没关系，因为只要时间足够，我们可以把短视频重新拍一万遍，一直拍到满意为止。

而直播所展示的是每一秒钟正在发生的事情，容不得半点失误。任何一个失误都会 100% 地呈现给消费者。

任何一场完美的直播都是由很多个细节组成的。要策划一场完整的直播，就要从细节入手，做好充分的准备。

1. 直播前的准备

凡事预则立，不预则废。直播前准备的精细程度，是决定一场直播成败的核心关键。准备得越细致，成功的概率就越大。反之，则大概会失败。

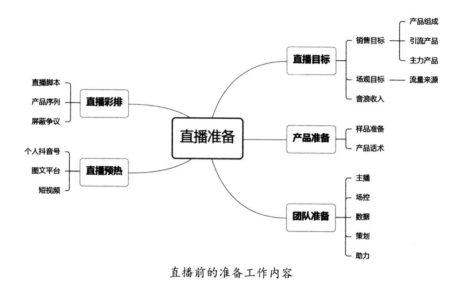

直播前的准备工作内容

我们一般要从直播目标、产品准备、直播团队准备、直播彩排和直播预热五个方面来准备一场直播。

◎ **直播目标**

为什么搞这场直播？这场直播的目标是什么？

所有好的结果，都是基于一个远大的目标倒推、细化成一个个具体执行的点，然后再把这些具体执行的点组合起来形成的。

一般情况下，对于一场带货直播来说，需要从这几个方面来进行目标描述。

直播目标细分表

主播：	直播时间：
目标销售额	
目标场观数	
目标音浪收入	
产品组合	
流量来源	
预算与投资回报率	

这只是一个简单的初级版本，如果是成熟一些的主播，建议尽量再设计得复杂一点。例如，流量来源是通过哪一种投流形式实现？投放的目标人群是谁？

再次强调一下，我们为什么一再说以抖音为代表的短视频电商、直播电商具有很大的领先性？根本原因是在于它们所有的营销动作都是可以实现数字化监控的。例如，用达人相似的方式，投放两个不同的达人，你得到的结果，都是可以用数据去呈现的。因此，想要做好直播，有一定的数据分析能力是非常重要的。

不要觉得这些工作很烦琐，事实上，每次直播之前把这些数据写在本子上，就会对每一次直播的目标有非常清楚的认知。

设定直播目标是衡量一场直播效益最直观的方法，也是考核团队的标准，并且有助于下播后的复盘工作。

◎ **产品准备**

直播前的产品准备分为三个方面：第一，这一场要卖什么产品？样品都准备好了没有？第二，这些产品是一个什么组合方式？哪些是流量产品？哪些是利润产品？第三，这些产品的标准话术都准备好了没有？

我们可以把产品相关的工作，统筹到下面这个表格里去。

直播带货产品准备表

主播：			直播时间：
产品名称	产品属性	产品价格	标准话术

一定要有标准的产品话术，切忌自由发挥。

还是那句话，即便是强如李佳琦，在准备产品资料的时候出现

了一点纰漏，也会把他的直播搞翻车。特别推荐大家把每一个产品的标准话术写清楚，背得滚瓜烂熟，这样你基本不会翻车。

◎ 直播团队准备

直播团队的准备就是做好分工，各自去做准备工作。通常来说，一个完整的直播团队包括 5 名运营人员，每个人的具体岗位各不相同。

直播团队分工表

主播：　　　　　　　　　　　　　　　　　　　　　　直播时间：

职务	分工内容
主播	负责直播、互动、导购、策划工作
场控	配合互动、释放权益、产品上下架、直播间调试、后台
策划	负责产品内容、促销脚本、内容制作和分发、直播脚本
助理	协助主播、策划、直播间预告工作
数据	负责监控直播数据情况

人虽然少，但一定要有一个明确的 leader，以保障直播的顺利进行。我们在直播过程中，一定会遇到这样或者那样的突发情况，因此，有一个相对流畅的决策机制，可以很好地应对突发情况。建议让场控成为整场直播的总指挥，尽量不要让主播指挥整个直播过程。

◎ 直播彩排

一定要彩排，过一遍全部流程。

彩排可以提高直播流程的顺畅度，同时降低实际直播中可能会出现的失误。彩排一定要对下面三件事情特别注意，避免出现失误。

商品的出场顺序

在直播过程中，低价位的商品通常是先出场，增强用户的购买欲望，随后上架更多其他种类的商品。如果商品没有事先排好顺序出场的话，可能就会导致出错，对后续商品的出场造成不好的影响。

商品的介绍试用

在直播中，主播对商品的介绍通常是自己试用，这是为了让观众看到实际的使用效果，促进观众的购买冲动。

直播的优惠政策

主播要先搞清楚优惠政策，不要在直播间中犯类似"主播说优惠到 100 元就可以买到，结果消费者付款时发现是 150 元才能买到"这种错误，很容易让消费者产生心理落差并降低对直播间的信任，也容易被消费者认为是虚假宣传。

◎ **直播预热**

所有的直播，都需要预热。

在本书中，我们详细地给大家讲述了个人品牌的打造过程，以及如何通过短视频的方式增加粉丝。这些工作积累的粉丝，就是开始直播的基本盘。

几乎所有的大主播都要做直播预热来吸引人气，新手主播就更要好好策划直播预热方案，为直播间吸引人气。

个人抖音主页预热

在直播前，将主播的个人简介信息更新，可在昵称中提示——今晚 5 点 ×× 专场。个人简介中也可以以文案的形式提醒用户你的直播时间，如每周三、周四、周五直播间定时宠粉！

站外图文预热引流

除了抖音个人简介之外，还可以利用第三方平台，例如微博、微信、小红书和今日头条等站外平台，为自己的直播间进行预热宣传。

短视频预热直播

开播前发布短视频预热是主播最基础的直播预热动作。可以多发几个预热短视频，在视频中告知观众和粉丝开播时间和内容，引导用户进入直播间。

付费预热

除了自然导流到直播间，还可以付费为直播间导流。

如果你的账号上有曝光比较高的短视频，可以付费投放 DOU+ 进一步获取更多曝光，然后在投放 DOU+ 的时间段开始直播。这样用户在看到你的短视频时，可以直接通过你的头像进入直播间。

2. 直播的执行

直播是一个执行工作，不是一个随意发挥的工作！

很多人的直播做得不好，很大原因就是直播之前的工作准备得不细致、不到位，然后到了直播的时候就问题频出，效果不好。

◎ 一定按照直播流程执行

直播需要一个直播流程表，在直播之前，每一个参与人员都应该人手一份，对本次直播的整体流程、产品情况和关键节点有清晰的认知。

直播流程概述表

直播地点			直播时间						
直播主题									
预告文案									
主播		运营		场控					
直播产品	编号	产品	规格	数量	价格	最低价格	加单	时长	备注
							□是 □否		
							□是 □否		
							□是 □否		
							□是 □否		
							□是 □否		
							□是 □否		
							□是 □否		
抽奖产品	时间段		抽奖产品	数量	抽奖方式		运营	备注	
注意事项									
备注									

◎ 做好直播场控

场控的主要任务是协助主播把控直播间氛围，引导粉丝互动，处理突发状况。场控对主播直播节奏有直接影响，一般由运营或直播间的管理来担任。

调动气氛

一场直播至少要进行两小时，场控的工作就是要配合主播，怎么让直播间不冷场，气氛如何调动起来，让消费者不停地买买买。

短板补充

场控还有一个很关键的作用就是补充主播的短板，一旦主播卡壳，场控可以马上把这个话题接过来进行补充。

促进成交

成交时带动氛围，为主播送出神助攻，提升直播的成交额。

第三节　抖音粉丝群运营

粉丝群作为抖音私域流量的重要表现形式，如果运营得当，会让主播和粉丝变得黏性更高，同时也会给短视频、直播数据带来基础保证。这一节内容，重点讨论一下抖音粉丝群的建立、维护以及运营。

1. 微信叫"社群"，抖音叫"粉丝群"

在开始探讨抖音粉丝群之前，我们有必要讨论一下"私域流量"的概念，因为很多人可能会把抖音粉丝群和抖音私域流量混为一谈。

2020 年下半年开始，以微信群为代表的私域流量概念非常火，但从目前来看，私域流量的商业模式远远没有达到预期的效果。

要知道，用户只有在购买我们产品的那一个瞬间是属于我们的，除此之外，全都不是。如果我们不是用户有购买需求时的首选，那么把用户都圈在一个社群里，不但不能让我们获取更多的订单，反而会让自己成为用户薅羊毛的冤大头。

我们需要重新理解私域流量这个概念。私域流量是指能把我们当作第一选择的这部分用户。如果我们是用户的首选，那么他在不在我们社群里实际上并不重要。

抖音和微信最本质的区别，微信是社交平台，抖音是内容平台。因此，微信群更偏重信息的互通，而抖音群更偏重基于个人品牌内容的相关反馈。抖音账号每天都要通过输出短视频、直播的方式向粉丝输出内容，因此，围绕着这些内容建立粉丝群，才是抖音粉丝群真正存在的意义。

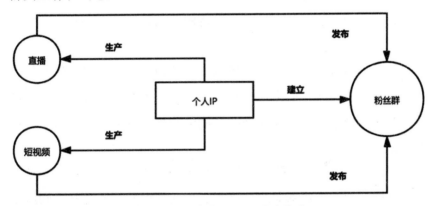

个人品牌、内容、粉丝群关系图

再强调一遍，微信是没有前端内容能力的平台，而抖音所有的工作都是围绕内容来展开，粉丝群也不例外。

2. 抖音粉丝群的应用价值

从内容与互动的角度来说，抖音粉丝群有两个关键作用。

第一，保持与粉丝的持续互动。从抖音粉丝群这个产品的设计上，可以很清晰地看到平台对抖音粉丝群的定位。抖音粉丝群的所有功能，几乎都是围绕着"粉丝互动"这个关键点来设计的。

◎ **短视频、直播通知**

抖音账号有任何新作品、新动态,系统将第一时间自动通知粉丝。

◎ **粉丝加群门槛设置**

主播可以自定义粉丝群门槛,比如粉丝团等级等,获取自己的核心粉丝。

◎ **重要信息群公告通知**

激活新老粉丝,有了公告通知,再也不用担心粉丝会漏掉重要活动信息了。

◎ **丰富的互动活动设计**

例如红包、连线、表情包,丰富的互动玩法帮主播实现宠粉到极致。

第二,抖音粉丝群的"私域流量"价值也非常重要。我们虽然一再强调"成为用户的第一选择"大于"把粉丝圈在社群里",但不能否认的是,粉丝群确实是一个能够和粉丝建立良好沟通的有效手段。

因此,我们需要在明确自己的 IP 定位的前提下,尽可能多地布局粉丝群,让粉丝活跃起来。这不仅可以帮助我们迅速地找到潜在用户,完成变现,还可以帮我们建立和粉丝之间的连接与纽带。

这种方式对线下门店、知识主播以及一些销售高客单产品的抖音账号,有非常重要的作用。

3. 抖音粉丝群建立与维护

每个人都可以在抖音上建立自己的粉丝群。

建立粉丝群的方式是,在创作者中心找到主播管理,点击进入,找到粉丝群管理,就可以建立自己的粉丝群。建群后可以设置本群管理员,设置进群成员条件(粉丝团几级可加入等)。主播可以邀请粉丝担任管理员,加强粉丝互动和黏性。

完成这些设置之后，我们就可以在直播的过程中引导粉丝加入粉丝群。有了粉丝群，就可以充分与粉丝互动，让粉丝积极地参与账号的日常运营，这样我们的账号一定会收获很好的互动数据。

◎ **增加粉丝的参与感**

在粉丝群里做很多事情是可以增加粉丝的参与感的。例如，在粉丝群里征集短视频选题就是很好的方式，如果我们的选题经过了粉丝的充分讨论，那么粉丝们一定会及时观看并且积极点赞、评论。

同理，直播主题也可以征集，征集出来的直播主题同样也会得到粉丝们的关注和响应。

◎ **及时预热短视频和直播**

在群里及时做好短视频和直播的相关预告，引导粉丝积极参与。预告的时候不要简简单单地写两句话扔到群里就不管了。适当地发个红包，和大家积极互动，会取得更好的效果。

◎ **积极宠粉增加互动**

宠粉环节也是必不可少的，只有积极宠粉，才能让粉丝群的粉丝们感受到他们和普通粉丝的区别。宠粉的方式多种多样，例如知识主播可以在粉丝群里分享更有价值的内容，带货主播可以在群里多发优惠券。我们可以根据实际情况来设定自己的宠粉方式。

第四节　直播带货的底层逻辑

这一节来重点谈论一下"直播带货"这个商业形态的整体特征，以及应该如何把个人品牌打造和直播带货联系在一起，让直播带货变现效率更高。

其实对于绝大多数人来说，直播是一个比较好的打造个人品牌的方式，相对于短视频生产的难度，直播几乎没有门槛，人人都可以拿起手机来直播。因此，在做好自己的基本个人品牌设置之后，就可以通过直播的方式，让自己的个人品牌更具影响力。与此同时，把自己的产品体系也规划好，通过直播的方式和用户去做互动交流，产生业绩，完成商业变现。

1. 直播是面对消费者最好的工具

直播可以成为无数个人品牌直接面对 C 端的重要工具，在直播平台上卖农产品、卖海鲜的主播比比皆是。从直播时代开始，"广告"未必再需要明星代言，我们自己就可以为自己代言。而且因为自己对产品足够了解，转化率也会比较高。

直播当然也可以是个人品牌的重要传播工具，因为没有任何另外一种线上方式，能够比直播更加接近线下实体店。

商家可以在直播间里做各种各样的产品展示、产品介绍和产品对比。这是工具革新带来的营销新变革。

所以，直播已经成为个人品牌的营销标配。区别在于，我们到底是用营销的思维还是用流量的思维来看待这件事情。这两种思维一定会带来截然不同的答案。

2. 直播带货为什么会火

直播电商和用户的互动非常直接，所有在屏幕另一边看直播的人，理论上都是我们的用户。这种模式和淘宝时代不一样，在淘宝时代，如果用户不通过客服提问，我们是不可能知道用户此时此刻是不是正在看我们的详情页、关注我们的产品的。

领先的模式，加上抖音超级强大的流量，导致了今天直播带货拥有无与伦比的历史发展机会。这个机会会让 F2C（生产商到客户）成为一个非常大的历史性风口，创造出一大批的财富神话。

3. 直播带货的本质是什么

个人品牌要想和直播带货紧密地联系在一起，我们还需要清楚地知道直播带货的商业本质。

直播带货的本质是什么？

直播带货的本质就是通过镜头，把产品推荐给用户，并让其产生购买行为，是从进入直播间、点击商品橱窗到付款的一系列过程。

直播能为商品提供更为丰富的展示形式，实物演示配合主播的精彩解说，转化率当然要比"死气沉沉"的详情页好很多。直播可以实时互动，为消费者答疑解惑，其带货效率可比用户自行浏览购买强大多了。

可以这样理解，直播带货是一种更高级的零售形式。以抖音的直播带货为例，抖音作为流量平台提供了大量的用户，而每一个直播间，就是进行电商转化的"场"。

有了这个基本的认知，下面就来看一下直播带货的基本商业特征。

◎ 流量平台

抖音平台本质上是一个内容平台，相对于淘宝平台的精准搜索流量，抖音平台的精准性还是要差一些的。因此，一般意义上来讲，抖音平台更适合一些客单价不太高、冲动性购买的产品。

这也可以很合理地解释，为什么大主播的直播间，几乎天天促销、天天打折。因为如果不这样做，就留不住人，投入的流量费用得不到足够的回报。

◎ 流量转化

我们反复地强调了好几次，直播是更好的展示形式，理论上具备更好的转化效率，只要流量够精准，那就很容易爆量。

4. 个人品牌能在直播带货中扮演什么角色

个人品牌有两个非常重要的作用：第一，让用户在对某些产品有需求的时候能够第一时间想到我们；第二，能够实现让用户从"信任人"过渡到"信任产品"。

把直播带货的特征和个人品牌的作用结合在一起，看看能够得到什么样的结论。根据目前主流的直播带货形态，要把这种结合分两种情况讨论。

◎ 没有自己产品的直播带货

这种情况实际上是很好讨论的，例如李佳琦、罗永浩等，个人品牌的两个作用都在他们的实际运营中发挥着巨大的作用。用户会记得他们每天都会有直播，也会信任他们推荐的产品。因此，他们的个人品牌实际上已经成为像"沃尔玛"或者"家乐福"一样的商业品牌。

但问题在于，这种情况的直播带货，IP 的价值感是不太高的。因为产品本身没有什么壁垒，带的永远是别人的货，如果有一天价格没有办法做到最好，消费者很快就去"用脚投票"，去找更便宜的直播间。

从另一个角度来说，直播带货实际上是扒去了很多行业在传统零售时代的不合理利润。这实际上是一个"洗牌期"的风口，也就是制造企业和零售企业再一次重新组合的红利。当这个风口过去之后，就会有相当多的大主播，再也拿不到好的产品和有竞争力的价格，因此，就很难稳定地持续下去。

这种方式的直播带货，可以给它起一个更准确的名字，叫作"直播促销"。

◎ 有自己产品的直播带货

如果拥有自己的产品，上边的焦虑将不复存在。虽然我们的产品也会面临同质化的问题，但无论如何，我们都有机会给用户把困惑解释清楚。

个人品牌将在这个过程中发挥什么作用呢？

依然是个人品牌的两个主要作用：第一，让用户在对某些产品有需求的时候能够第一时间想到我们；第二，能够实现让用户从"信任人"过渡到"信任产品"。但在这种情况下，我们不再为"流量效率"而焦虑，应该把更多的精力，放在"流量的精准度"上。

这种直播带货的方式，也可以给它一个更准确的名字，叫作"直播营销"。

第五节　如何完整地策划一场直播带货

我们把目光转向直播带货，毕竟做个人品牌是为了变现，而直播带货就是最好的变现方式。这一节会详细地介绍直播带货的流程、产品的塑造方式、主播的话术技巧等内容，这些都是实现顺利变现的关键知识点。

1. 抖音带货的基本条件

抖音小黄车、抖音小店、抖音精选联盟是开始抖音带货的三个基本工具，一定要弄清楚，不要混淆概念。

◎ **抖音小黄车（商品橱窗）**

抖音小黄车，是每一个想要带货的抖音账号必须要开通的橱窗功能，只有开通了这个功能，才能分享产品。目前开通抖音小黄车的条件是：

①至少需要绑定手机号，并完成实名认证。

②已发布 10 个以上公开原创视频。

③抖音账号达到 1000 粉丝。

④缴纳 500 元保证金。

◎ **抖音小店**

抖音小店，是指在抖音上销售产品的店铺，因此抖音小店是面向个体工商户和公司的。有自己产品的抖音创业者是一定要开通抖音小店的，否则没办法进行产品销售。

准备营业执照、个人身份证、资质证明等材料，即可申请抖音小店。小店申请好之后根据不同类目缴纳保证金，就可以开始营业。

◎ **精选联盟**

精选联盟就是一个抖音官方连接商家和达人的选品库。符合条件的商家入驻抖音精选联盟，上架好自己的商品，网红达人在这个平台上选择符合自己定位的商品。达人在线选择商品，制作商品分享视频或者直接直播带货，产生订单后，平台按期与商家或达人结算。

对于抖音新手来说，可以这样理解这三个工具的关系。如果想带货，就必须开通小黄车（商品橱窗），然后就可以去抖音精选联盟里选择适合自己带货的产品，通过短视频或者直播的方式带货。如果有自己的产品，就必须开一个抖音小店才能开始销售。如果想让更多的人帮我们带货，就必须把自己的产品放在精选联盟里。

2. 直播带货应该如何选货

想做好一场直播带货，"货"是根本。从消费者角度看，在网上买到劣质产品，往往会拉低对店铺的好感度。

◎ **应季性原则**

应季产品，就是刚性需求。

很多季节都有属于自己的当季产品。如果春季卖羽绒服，夏季卖保温杯，那肯定销量不好。

◎ **同领域原则**

个人品牌的垂直度，决定了选品的宽度。如果账号定位的是女装，那么带货的商品就最好都与女装相关，可以适当外延，但外延的幅度不宜过大。

如果你是内容达人，可以结合你的内容领域，去创作短视频。这样不但可以巩固你的专业水平，还可以让粉丝很自然地接受你的产品。

◎ **高热度原则**

某个网红产品在需求高涨时，都会带来不错的销量。比如说，儿童泡泡相机、星巴克猫爪杯、韩国火鸡面、红豆薏米茶，这类产品在火爆时期几乎全网都在卖。

追热度一定要快，要有可以支持热销产品快速生产的供应链，比别人卖得早，利润空间就比别人大。

◎ **性价比原则**

说到性价比，很多人会把这个概念等同于"便宜"。虽然大部分人都喜欢廉价的商品，但事实上，性价比高的产品并不意味着"便宜"，而是要让用户觉得实在放心。

3. 直播带货应该如何做产品组合

在一场直播带货中，产品的客单价、产品的品类是两个重要维度。一定要避免品类及客单价过度单一，没办法照顾到更多用户群体的需求。

比如，一场直播安排 20 个产品，可以安排 1 款超低价宠粉品，2～3 款低客单价引流品，剩下的安排正常产品销售。

从品类的角度来说，应该充分地了解粉丝的画像，分析他们的属性和需求。然后根据需求，及时补充自己的产品品类。

4. 直播中应该如何排品

为了提升用户的停留时长和购物体验，直播间的排品方法要精心设计。我们可以按照宠粉款和引流款、利润款划分产品定位，然后去做排列组合，才能让带货效率最大化。

◎ AABCC 排品法

促销款	促销款	利润款	促销款	促销款	利润款	促销款	促销款	利润款

AA 和 CC 分别是两款促销款，用来提升用户黏性的，而 B 款是品质款，也是利润款。因为利润款讲解时间较长，所以前后必须要有促销款能够吸引用户，给到用户一个较好的体验，用户也不太容易流失。

◎ ABCCABCC 排品法

宠粉款	引流款	利润款	利润款	宠粉款	引流款	利润款	利润款

这种排品法相对而言比上面的那种会更丰富，里面涉及给粉丝的福利款，以及为了吸引流量的低价引流款，把利润款穿插在中间。

◎ 全爆款排品法

全程使用一个大爆款作为线索，然后中间穿插各种利润款商品，不断讲解。这样既能通过大爆款留住直播间用户，也能够持续不断地推出一系列的利润款。

这种爆款会不断地有用户去询问，很多用户也会为了这个爆款而等待，这无疑是增加了直播间的互动率和停留时长。

第六节　直播基地的运营模式

如果有条件，可以建设一个直播基地。抓住直播带货的风口，用直播的形式，让更多的人参与进来。直播基地也是目前比较好的政策风口，在广州、深圳、青岛、义乌、杭州、重庆、大连等多个地区发布的促进直播产业发展的相关政策中，都明确表达了"构建直播电商产业集聚区"是直播电商发展的重要目标。

1. 直播基地主要商业模式

根据资源情况的不同，目前国内主流的直播基地，大致分为三类。

第一类是产业带模式，例如瑞丽玉石直播基地、即墨服装产业直播基地、义乌小商品直播基地。基地依托当地的产业优势，为主播提供产品支持。

第二类是 MCN 模式，这种基地以服务机构自己旗下主播为主，通过短视频或者直播的方式孵化主播，为主播提供供应链。是 MCN 业务的进一步延伸。

第三类是传统的产业园模式，也就是已有的传统电商园区、利用自身拥有的空间、供应链转型的直播基地。

由于直播带货是一个服务性行业，可以直接或者间接地对当地的特色产业起到拉动作用。因此，直播基地目前依然是政策的红利期，政府的扶持力度很大，很多地方都有直播基地房租减免和装修补贴政策等。只要有好的供应链、主播资源，运营一个直播基地的硬性成本不会非常高。

2. 直播基地的主要盈利方式

既然直播基地现在是处在行业风口、政策红利期，那么，我们应该如何运营一个直播基地？直播基地又有哪些盈利点呢？

◎ 供应链盈利模式

供应链盈利模式适用于背靠产业带的直播基地。产业带拥有完整的供应链，可以为主播提供优质价廉的产品。这些基地可以吸引主播上门，为主播提供一站式服务。基地作为集中资源供应商，可以通过供应链的方式获取利润。

◎ 服务盈利模式

直播运营已经越来越专业，打造一个专业的直播间需要的设备投资也越来越高。服务盈利模式可以为主播提供一站式服务，主播只需要带一部手机，来到基地就可以开播。这种模式可以收取场地租金，也可以收取主播的直播销售抽成。

快递服务也是服务盈利模式的关键点。对于大多数刚起步的主播来说，由于自己没有很大的发货量，快递公司往往不会给他们很好的政策。这个时候，园区统筹内部所有主播的发货量，和快递公司统一洽谈价格，往往会有很好的政策。

园区可以建立一个统一仓储，给主播提供全部的打包发货服务，每一单收取 0.5 ~ 1 元的服务费。

◎ 代播服务模式

越来越多的企业需要直播，但由于很多企业自身条件所限，没办法把直播开展得很好。基地可以培训、招聘、孵化主播，给企业提供培训和代播服务。

解析：中国（苏州）大健康产业创孵基地

2023 年底，中国（苏州）大健康产业创孵基地的成立，引发业内广泛关注，给直播电商园区的行业化发展，带来很多新的思考。

张洪磊，中国（苏州）大健康产业创孵基地创始人，苏州市山东商会常务副会长。张洪磊是电商老兵，他创办的迪顿控投集团先后投建了蚂蚁电商产业园、三人行创新型电商产业园、宝龙电商产业园、迪顿东景 PARK、迪顿数字经济产业园、迪顿天安云谷电商产业园、三人行跨境电商产业园、迪顿科技城 PARK 等多个园区，服务了诸如阿迪达斯、欧莱雅、迪奥、香奈儿、兰蔻、爱他美、贝因美、君乐宝、飞鹤等国内国际知名品牌。

2023 年底，基于园区所掌握的海外诸多国家的优质保健品供应链，张洪磊成立了中国（苏州）大健康产业创孵基地，正式以基地的形式进军大健康产业。这是国内第一个专注大健康领域的电商创孵园区，是电商产业园走向专业化、系统化、行业化的重要标志。中国（苏州）大健康产业创孵基地可以为创业者提供三个方面的重要服务。

第一，大健康全供应链服务。基地可以为创业者提供一站式供应链解决方案，来自海外数十个国家的数百个品牌、数千个 SKU 可供创业者选择。除此之外，基地开发的专业小程序可以为消费者提供一键清关服务，给创业者的业务开展带来了极大的便利。第二，大健康领域主播孵化服务。基地拥有完整的直播教学体系和优越的硬件条件，可以为创业者提供一对一的孵化指导和高标准的实训环境。第三，本地 IP 打造服务和"社区健康云店"，基地可以为创业者提供系统的"本地 IP"打造服务，让创业者成为本地大健康 IP，并以"社区健康云店"的零售业态形式在当地落地，打造"健康产品体验中心"，服务当地消费者。

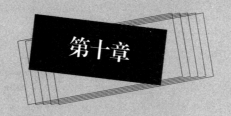

第十章

抖音知识付费运营

第一节　抖音的知识付费风口有多大

抖音最好的赛道是什么？

毫无疑问，知识付费。先来看一个数据，这是博主英语雪梨老师 180 天的课程销售数据，半年时间销售 2700 万元。

博主英语雪梨老师半年带货数据（飞瓜数据）

请大家注意，课程类的产品是一次性录制，没有成本。也就是说英语雪梨老师的 2700 万元，近乎全部是净利润。更为重要的是，雪梨老师是在 2020 年 4 月才入驻抖音，到 2021 年 10 月，不过短短的一年半的时间。

对于有一技之长的人来说，抖音知识付费一定是最好的变现方式。

考虑到知识主播的重要性，我们用一章的内容，重点探讨一下知识主播的发展前景、打造办法和实际案例。

1. 什么是知识付费

知识付费可以说是内容付费，简单点来说就是粉丝付费购买知识，知识的形式包括书籍、课程、线上线下培训班等。知识付费是这些年新兴的一个赛道，也是未来最有前途的赛道之一。

  抖音是一个泛行业的平台，因此各行各业都存在着通过以知识为产品的变现的可能性。除了英语老师可以在线上教大家英语之外，美食博主可以开设美食制作课程教大家制作美食，播音员可以开设课程教大家发声技巧，甚至教开挖掘机的老师都可以直播教大家如何开挖掘机。

  只要你足够出色，各行各业都存在着知识付费的商业机会。

2. 为什么抖音知识付费赛道的空间如此之大

  要想比别人做得更好，最直接的办法就是学习。

  有一句话叫作"活到老，学到老"。这句话深刻地反映了教育是一个巨大的市场。

  而抖音今天能给教育行业提供的，是前所未有的机会。在2021年10月举办的抖音第三届创作者大会上，抖音副总裁支颖明确表示抖音会对知识内容、文化内容加大投入。让知识内容得到更好的分发，会是抖音未来工作的一个重点，让更多用户在抖音上看到丰富多元有价值的内容。

  抖音最大的商业优势，就是通过短视频的形式为广大用户提供了更精准的内容表现形式，并且可以给创业者提供足够大的公域流量获取客户。抖音平台的这两个特征给教育行业带来的变化无疑是颠覆性的，它让所有有足够内容能力的老师，再也不用为流量和用户发愁。

  再从抖音平台的角度来分析一下，为什么知识付费赛道会这么受重视。

  抖音本身是一个内容平台，而内容平台能给用户带来的实际价值无非就是两个，"有用"或者"有趣"。"有趣"要靠段子手，靠剧情号，而"有用"就要靠真正有真才实学的人。

  对于这部分人来说，最好的变现途径，就是知识付费。抖音平台要保证平台内容的"有用性"，就必须大力扶持知识付费这个赛道，

一抖千金

让更多有能力的人加入成为内容创作者。

因此，知识付费赛道一定会是一个潜力无限的赛道。

3. 如何能够进入知识付费这个赛道

根据创业者自身能力水平的差异，可以把进入知识付费赛道的方式分为两种。

◎ **自己成为知识主播**

如果你在某个领域有非常专业的经验，那么就马上加入内容创作者的大军，成为一个知识主播。想清楚自己能够给粉丝带来什么价值，做好自己的定位，策划好自己的产品，然后就可以在抖音上通过短视频或者直播的形式推广自己，用知识付费的方式来变现。

◎ **加入一个知识主播的体系**

如果你没有足够的专业度自己做一个知识主播，那也没关系，同样有机会加入知识付费这个大赛道。

很多知识主播需要别人帮助他们去做宣传,扩大他们的影响力。这个时候，你可以根据自己的兴趣爱好和特长，选择加入某一个知识主播的体系，通过销售他的知识产品来获取利润。

你可以在这个过程中不断地积累知识，提升自己，直到有一天，自己也可以成为一个知识主播。

第二节　如何成为一名知识主播

想要成为一名知识主播并不是一件容易的事情，除了要有相对较高的专业水准之外，还需要懂得如何在抖音平台包装推广自己。这节内容，重点讨论如何能够成为一名优秀的知识主播。

1. 专业能力是一切的基础

抖音平台的知识主播，其实并不少。但几年时间下来，这些知识主播目前的发展状况差别非常大。造成这个结果的原因只有一个，知识主播的专业能力是决定其发展空间的核心关键。

抖音发展初期，因为平台上内容创作者比较有限，这个时候需要的内容不是特别专业，很多人分享一些简单的知识，就能够成为一个知识主播。但随着平台上创作者的数量越来越多，用户对内容的要求越来越挑剔，只能分享一些简单知识的主播就慢慢地进入了发展瓶颈期。

专业能力，是一切的基础，也是决定主播能否走得更远的主要因素。

◎ 张雪峰老师

"大家好，我是让学习变得更快乐的张雪峰老师。"

2008年，张雪峰正式走上讲台，虽然风格和当下类似，但是台下的反应却截然不同。甚至出现过多次，学生指着他说"老师你讲的这个东西，对我们没什么用，没什么意思"。备受打击后，他走下讲台反复琢磨备课内容，亲自搜集全国400多所大学、400多个科研院所的学校和专业资料、招生简章、录取情况和毕业生就业等信息，完善课件内容。

2016年，张雪峰出版《你离考研就差这本书》、2021年出版《名师张雪峰考研通关攻略》。2018年入驻抖音，三年时间，收获近1000万粉丝。

有人说张雪峰老师是考研辅导老师里边最会说相声的，但张雪峰能够在不到3年的时间里在抖音上吸粉1000万，绝对不是因为他的说话风格。他是真正能够对学生提出的各种考研问题做到"问不倒"

的人，并且能够把这些年来辅导学生考研的经验写成两本书，让更多的学生少走弯路。

再强调一遍，专业能力，是一切的基础。几乎可以预见，随着抖音加大对知识内容的支持力度，抖音同样也会提高对知识主播的要求。只有真正有真才实学的专业人士，才能真正地驰骋知识主播这个赛道。

2. 知识主播的能力模型

想要成为一个知识主播，应该从哪些方面入手呢？

在第四章中曾经提到了关于知识主播的能力模型，在这里，我们把这个模型展开，更详细地讲解一下。

◎ **确定一个有竞争力的领域**

首先最核心的是，我们需要根据自己的实际情况，选择一个让自己有足够竞争力的领域，如果这个领域选择得不合适，那么大概是没有办法在这个领域脱颖而出的。

具体的选择办法可以参照个人品牌定位的方式，通过行业细分的办法，让自己在一个细分的领域里具备足够的竞争力。

◎ **有一个稳定的知识框架**

很多知识主播都有一个很大的误区，那就是什么内容火就去讲什么，觉得这种做法能够给他们带来流量。千万不要被这种流量蒙蔽了双眼，对于知识主播来说，拥有一个自己稳定的知识框架是最重要的事情。

只有稳定的知识框架才能帮助我们在粉丝那里建立清晰的认知。框架之内的内容，一定要做到"问不倒"，框架之外的内容，如果精力允许，可以涉猎一部分，如果精力不允许，就不要浪费精力。

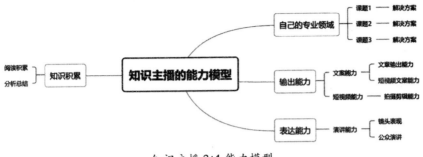

知识主播 3+1 能力模型

◎ 知识主播"3+1 能力模型"

一个优秀的知识主播，需要三个基础能力和一个进阶能力，我们可以把它总结成为"3+1 能力模型"。

基础能力分三个方面：第一，需要在自己的专业领域，能够给到解决方案，也就是能够为粉丝提供足够的价值；第二，需要有足够的输出能力，能够在公众号写出好文章，能够为自己的短视频写出好脚本；第三，要有足够的表达能力，镜头面前不紧张，公众演讲不怯场。

除此之外，知识主播要想做得更好，还需要一个进阶能力，就是要具有不断总结知识、积累知识的能力。优秀的主播都有一套快速收集资料、整理内容、总结知识要点的方法，用最短的时间，让自己变得更专业。

3. 知识主播的商业模型

还是那句话，一名知识主播一定不能什么都会，知识主播的商业模型设计，一定是源于自己的知识体系。

你会什么，你就讲什么，把你会的知识，开发成为产品。只有产品简单直接，才能让用户明白你能给他带来什么价值，从而触发购买。

没错，雪梨老师的 2700 万元销售业绩，是通过近 70000 个售价 398 元的课程销售完成的，这就是标准化产品的力量。

那么，一名知识主播，应该如何设计自己的产品呢？

一般情况下，知识主播的标准产品线包括书籍、线上课程、线下课程和付费社群这四大种类。书籍价格一般都在百元以内，并且非常有价值感，是很好的"认知建立"工具，有了书籍做支撑，后续的课程开设就会顺理成章。

也有的知识主播是先做线上课程，然后再出书，这也是一个不错的方式。但由于线上课程推广难度相对更大，就要求主播有比较好的内容能力和推广能力。

付费社群也是知识主播的一个重要产品，付费社群可以增加知识主播和粉丝的互动黏性，更好地提高主播的价值感和变现能力。

4. 知识主播的推广方式

有了自己的专业领域和标准化产品之后，就可以在抖音平台包装自己，推广自己以及自己的知识产品了。我们需要打造一个清晰的个人品牌，然后再通过短视频和直播的形式推广。

关于如何打造自己的个人品牌，如何做短视频和直播，本书已经讲述得非常具体了，在这里就不再赘述。

关于推广，切记一点，流量效率大于一切。

　　为什么一定要有一个标准产品？就是要让粉丝从看到你的那一瞬间，就知道需要从你这里购买什么产品，这些产品能够给他带来什么价值。